KB083248

玄空風水 古典

飛星賦註解

註解者；鐘義明
編譯者；崔明宇

序 文

《飛星賦》는 현공풍수의 기본적인 원리를 터득한 이후에, 飛星盤(비성반)의 向星과 山星 그리고 運盤을 근본으로 하고 客星을 추가한 숫자조합을 해석하는 이치와 방법에 대해 설명한 현공풍수학의 중요한 고전이며 전문서적 중에 하나입니다.

원문은 비록 적은 분량이지만 대만의 鐘義明 선생이 풀이한《玄空星相地理學(현공성상지리학)》과《玄空地理斷決彙解(현공지리단결휘해)》내용이 아주 풍부하고 심오하여 이 서적을 인용 및 주해하였는데, 본서를 익히고 나면 陰陽宅의 吉凶禍福에 대해 더욱 정확하고 세밀한 감정을 할 수 있게 될 것이며 나아가 神通旁通(신통방통)한 현공풍수의 절묘함과 매력에 푹 빠져들게 될 겁니다.

아울러 그동안 강단에서 본서를 교재로 수차례 강의를 하였는데, 이 기회를 통하여 수강하신 모든 분들에게 감사의 말씀을 전하고 싶습니다. 감사합니다.

2015년 9월 4일

兼山 崔明宇 드림

목 차

제 2부 숫자조합 해석

01.〈 -2㊏ 〉🡐〈 +3㊍ 〉 ; 붕괴, 투우살(鬪牛煞)
02.〈 +3㊍ 〉🡐〈 +6㊎ 〉 ; 교통사고
03.〈 +6㊎ 〉🡐〈 -9㊋ 〉 ; 정력왕성
04.〈 -4㊍ 〉🡐〈 +6㊎ 〉 ; 헛고생, 고분살(鼓盆煞)
05.〈 +3㊍ 〉🡐〈 -7㊎ 〉 ; 이혼, 천심살(穿心煞)
06.〈 -7㊎ 〉🡒〈 -4㊍ 〉 ; 자매간에 불화
07.〈 +8㊏ · -2㊏ 〉🡐〈 -4㊍ 〉 ; 교통사고
08.〈 +1㊌⇨+3㊍ 〉🡐〈 -7㊎ 〉 ; 파괴
09.〈 -7金 〉〈 -9㊋ 〉〈 -5㊏ 〉 ; 성병(性病)
10.〈 +3㊍ 〉〈 -4㊍ 〉🡒〈 5㊏ 〉 ; 유행성 전염병
11.〈 -7㊎ 〉🡐〈 -9㊋ 〉 ; 화재, 화상
12.〈 +2㊏ 〉= 〈 5㊏ 〉 ; 질병, 암, 불구자
13.〈 +6㊎ 〉⇦〈 +2㊏ 〉 ; 구두쇠
14.〈 +3㊍ 〉= 〈 -4㊍ 〉 ; 무능력
15.〈 +6戌㊎ 〉⇦〈 -2未㊏ 〉 ; 미신숭상, 독신남녀
16.〈 +6㊎ 〉⇦〈 -2㊏ 〉 ; 귀신, 사이비종교
17.〈 -1㊌ 〉⇨〈 +4㊍ 〉 ; 음탕(淫蕩)
18.〈 -7㊎ 〉🡒〈 +3㊍ 〉 ; 재앙, 천심살(穿心煞)
19.〈 +3㊍ 〉〈 -4㊍ 〉🡒〈 5㊏ 〉 ; 중풍 · 신경쇠약
20.〈 -9㊋ 〉〈 -5㊏ 〉/〈 -7㊎ 〉 ; 음독(飮毒)
21.〈 -7㊎ 〉⇦〈 5㊏ 〉 ; ロ~肺 질병(疾病)
22.〈 -1㊌ 〉🡐〈 5㊏ 〉 ; 생식기 질병·불임·유산
23.〈 +3㊍ 〉🡒〈 -2㊏ 〉 ; 소화불량, 위장병
24.〈 -2㊏ 〉⇨〈 -7㊎ 〉 ; 설사
25.〈 +6㊎ 〉🡒〈 +3㊍ 〉 ; 머리질환
26.〈 -4㊍ 〉🡒〈 5㊏ 〉 ; 유방암
27.〈 9㊋ 〉⇨〈 -2㊏5㊏) 〉 ; 멍청이
28.〈 -4㊍ 〉🡐〈+8艮㊏〉 ; 기관지질환, 중풍
29.〈 2 〉〈 3 〉〈 9 〉〈 8 〉 ; 육, 신경, 심장 · 눈, 코

30.〈 +3㊍ 〉〈 -4㊍ 〉+形氣・理氣 ; 형리겸찰(形理兼察)

31.〈 +6㊎ 〉⇦〈 -2㊏ 〉 ; 학질(; 장티푸스)

32.〈 +6㊎ 〉+失運 ; 무지(無知)

33.〈 -2㊏ 〉=〈 +8㊏ 〉 ; 어린이 병약

34.〈 +3㊍ 〉=〈 -4㊍ 〉+反側(반측) ; 몰인정(沒人情)

35.〈 -1白 〉+不合 ; 실지(失志)

36. 陰卦〈 -2・-4・-7・-9 〉 ; 음란, 몰염치, 질투

37. 陽卦〈 +1・+3・+6・+8 〉 ; 시비, 충돌, 폭력

38.〈 -4㊍ 〉+ 反抱(반포) ; 떠돌이 ,거지

39.〈 -6㊎ 〉+斷頭山, 繩索水(승삭수) ; 교살(絞殺)

40.〈 -7㊎ 〉+葫蘆(호로) ; 의사(醫師)

〈 -7㊎ 〉+刀盞(도잔) ; 정육점, 주점(酒店)

41.〈 +3㊍ 〉 / 〈 -7㊎ 〉 ; 목공예 / 금속공예

42.〈 失令 〉+貴砂= 非宜 ; 비의(非宜)

〈 +7㊎ 〉+凶砂 ; 도상(刀傷), 화재

〈 +3㊍ 〉+凶砂 ; 도적

43.〈 -2申 〉+尖山 ; 소송

〈 -4辰 〉+파쇄(破碎) ; 싸움, 전쟁

44.〈 1㊌⇨4㊍ 〉🡐〈 7㊎ 〉 ; 결단력 부족

〈 7㊎ 〉🡒〈 3㊍⇨9㊋ 〉 ; 각박(刻薄)

45.〈 5黃 〉+ 用神水 ; 예측불가 凶事

〈 太歲 〉 ; 吉上加吉, 凶上加凶

46. 騎線(기선) ; 대공망

空縫(공봉) ; 소공망

*원문 및 해석

부록

三元九運 종합표

제 1부

飛星賦와 九宮의 의미

1. 비성부 소개

《飛星賦(비성부)》는
一名^《飛星斷(비성단)》」으로,
是´古代에 玄空地理學家가 所作인데,
作者는 不詳(불상; 未詳)이고,
其^內容은
是´在^解說´挨星法(애성법)에서 星宮의 變化가
所應的(소응적)^徵驗(징험; 효험, 효능)인데,
其^文句는
高古典雅(고고전아;古語體이며 우아함)이지만,
但^是/因爲(인위; 때문에)^
它(타; 《飛星賦》)는 是´術語(술어; 전문용어)이므로,
若(; 만약에)^
非^精(정; 정밀)´於^玄空易學이면,
不能^明白이므로,
玆(자; 本書)에
將(장; ~를)^它(; 비성부)를 作´系統整理(계통정리)인데,
摘錄(적록; 간추려 기록하다)´
原句의 於^「」之中하였고,
並^用´白話文(; 구어체 방식의 현대중국어)하여
詮解(전해; 자세한 설명)´於^下이고,
可以´和(화; 와)^前의 一節的^星宮配合表는
對照比較(대조비교)이다 。

*飛(날 비)
*星(별 성)
*賦(문장 부)

*斷(끊을 단)
*詳(자세할 상)
*解(풀 해)
*挨(칠 애)
*徵(부를 징)
*驗(증험할 험)

*典(법 전)
*雅(초오 아)
*但(다만 단)
*它(그것 타)
*術(꾀 술)

*精(면밀할 정)
*於(어조사 어)
*易(바꿀 역)

*玆(이 자)
*將(장차 장)
*它(다를 타)
*系(이을 계)
*統(큰 줄기 통)
*整(가지런할 정)
*理(다스릴 리)
*摘(딸 적)
*錄(기록할 록)
*詮(설명할 전)
*照(비출 조)

學者는

在^充分^了解(요해; 이해)′卦理之^後에,

最好(최호)는

把(파; ~를)^原句一併(; 원문 전부)를 背誦(배송; 암송)下來(하래; 완성이나 결과의 의미)인데,

因爲(; 왜냐하면)^

這(저; 이)는 在^玄空地學的^斷驗方(단험방)에서

是′很(흔; 매우)^重要的^依據(의거; 근거)이다 ○

*充(찰 충)
*了(이해할 료)
*把(잡을 파)
*併(아우를 병)
*背(등 배)
*誦(욀 송)

*這(이 저)
*斷(끊을 단)
*驗(증험할 험)
*方(약처방 방)
*很(매우 흔)
*依(의지할 의)
*據(의거할 거)

【+1白坎㊌ ☵水】

*坎(구덩이 감)

《河圖(하도)》;

〈1〉과 〈6〉은 〈㊌〉로,

❶ 吉象(길상) 〈1〉

生旺(생왕)이면

爲′

(1) 文秀(문수; 학업우수)·

(2) 榜首(방수; 수석합격)·

(3) 才藝(재예; 4)·

(4) 聰明(총명)이고;

❷ 凶象(흉상) 〈1〉

剋煞(극살)이면

爲′

(1) 淫佚(음일; 음란방탕; 14)·

(2) 寡婦(과부; 25)·

(3) 溺水(익수; 익사)·

(4) 漂蕩(표탕; 14)이다。

*河(강 이름 하)
*圖(그림 도)
*吉(길할 길)
*象(상아 상)
*旺(성할 왕)
*榜(명단게시 방)

*淫(음란할 음)
*佚(방탕할 일)
*寡(적을 과)
*婦(며느리 부)
*溺(빠질 익)
*漂(떠돌 표)
*蕩(방탕할 탕)

《洛河書(낙하수; 낙서와 하도)》;

〈1白㊌〉는,

爲′中男·

魁星(괴성; 貪狼[탐랑];북두칠성 중에 첫 번째 별)이다。

❶ 吉象 〈1〉

生旺(생왕)이면,

主′

(1) 少年科甲(소년과갑)·

(2) 名播四海(명파사해)·

(3) 多生聰明(다생총명)·

(4) 智慧男子(지혜남자)이다。

*洛(강이름 락)
*河(강이름 하)
*魁(으뜸 괴)
#貪(탐할 탐)
#狼(이리 랑)

*播(퍼뜨릴 파)
*聰(귀 밝을 총)
*慧(슬기로울 혜)

❷ 凶象〈1〉

剋煞(극살)이면,
主′
(1) 刑妻(형처)·
(2) 瞎眼(할안; 장님;92)·
(3) 漂蕩(표탕)이다。

*剋(이길 극)
*煞(죽일 살)
*刑(형벌 형)
*妻(아내 처)
*瞎(애꾸눈 할)
*眼(눈 안)
*漂(떠돌 표)
*蕩(방탕할 탕)

《六親吉凶斷(육친길흉단)》;
〈坎(감)〉은 乃′次男(차남)이고,
其^數는〈1白〉이고,
其^行(; 오행)은 爲′〈㊌〉이다。
遇′〈⇦6㊎〉,〈⇦7㊎〉이면,
仲房(중방; 둘째)이 發達하고;
逢′〈🡐2㊏〉,〈🡐8㊏〉이면,
中子(; 둘째)가 受殃(수앙)이다。

*親(친할 친)
*斷(끊을 단)
*次(버금 차)
*乃(~이다 내)
*其(그 기)
*遇(만날 우)
*仲(버금 중)
*受(받을 수)
*殃(재앙 앙)

《流年九星斷(유년구성단)》;
〈1白〉은,
先天에서는 在′〈坤(2)〉이고,
後天에서는 居′〈坎(1)〉이다。

*流(흐를 류)
*斷(끊을 단)
*居(있을 거)

兌(태)	乾(건)	巽(손)
離(이)		坎(감)
震(진)	坤(2)	艮(간)
先天八卦		

巽	離	坤
震		兌
艮	坎(1)	乾
後天八卦		

應′貪狼之宿(탐랑지숙; 1)이고,
是/爲′官星(1,6)이며,

*貪(탐할 탐)
*狼(이리 랑)
*宿(별자리 수)

五行인 則^屬(속)´〈㊌〉이고,
其^色은 尙^白이다。
秋(추;27; ㊎生㊌)에는 進(진)이 되고.
冬(동;16; ㊌比㊌)에는 旺(왕)이 되고.
春(춘;38; ㊌生㊍)에는 洩(설)이 되고.
夏(하;27; ㊌剋㊋)에는 死(사)이 된다。

*屬(속할 속)
*尙(또한 상)
*比(견줄 비)
*剋(이길 극)
*洩(샐 설)

[최주]

五行 / 季節	㊍	㊋	㊏	㊎	㊌
春㊍	木㊏	火相	土死	金囚	水休
夏㊋	木休	火㊏	土相	金死	水囚
季㊏	木囚	火休	土㊏	金相	水死
秋㊎	木死	火囚	土休	金㊏	水相
冬㊌	木相	火死	土囚	金休	水㊏

❶ 吉象 〈1〉

當令^時에는,
士人(사인; 선비)이 遇´之이면,
必^得´其^祿(녹; 월급)하고,
庶人(서인; 평민)이 遇´之하면,
定^進´財喜(재희)이다。
最^宜(의)´
〈14〉 同宮이거나.
〈16〉 聯星(연성; 河圖;16,27,38,49)이면,
更(; 더욱)^助´旺氣이다。

*當(당할 당)
*令(때 령)
*遇(만날 우)
*祿(녹봉 록)
*庶(여러 서)
*宜(마땅할 의)

*聯(잇달 련)
*助(도울 조)
*更(더욱 갱)
*旺(성할 왕)

[최주]
玄空學에서 〈16〉, 〈27〉, 〈38〉, 〈49〉는 「聯星(연성)」이 되는데 旺氣을 만나면 意外의 좋은 인연이 되고, 剋洩(극설)을 만나면 意外의 근심거리가 발생한다.

*叢(모일 총)
*譚(이야기 담)
*輯(모을 집)

《玄空地理叢譚(현공지리총담) 제1輯》 295쪽 인용.

❷ 凶象〈1〉

失令時에, 若^受´其^剋殺(극살)인,
則^
'莊子(장자)' 가
有´鼓盆之嗟(고분지차; 喪妻)이고,
'卜商(복상)' 이
有´喪明之慟(상명지통; 근심고통)이다。

*鼓(두드릴 고)
*盆(동이 분)
*嗟(탄식할 차)

*卜(점 복)
*商(장사 상)
*喪(죽을 상)
*慟(서럽게울 통)

【鐘新解】

〈坎卦〉之^象(☵)은
陽爻는 在´內이고,
陰爻은 在´外하여,
是´外柔內剛(외유내강)之^性質(성질)로,
主´
流動(유동)·
內陷(내함)·
隱伏(은복)·
憂慮(우려)·
險難(험난)·
趨下(추하; 추락)이다。

*柔(부드러울 유)
*剛(굳셀 강)
*陷(빠질 함)
*隱(숨길 은)
*伏(엎드릴 복)
*憂(근심할 우)
*慮(걱정할 려)
*險(험할 험)
*難(어려울 난)
*趨(달릴 추)

〈㊌〉者는,
流動不息(유동불식;b乾馬)而^有´信(신;5中央㊏)·
朝宗于海(조종우해; 모든 강물이 바다로 모임)이지만,
不失´其時에는,
消息(소식; 변화)이 與^月(월)이 相應이다。

#央(가운데 앙)
*宗(마루 종)
*息(숨쉴 식)
*于(어조사 우)=於
*失(잃을 실)
*消(사라질 소)
*與(더불어 여)
*應(응할 응)

❶ 吉象〈1〉

得令이며 合局이면,

*得(얻을 득)

主出´

(1) 德慧術智(덕혜술지)之^人으로,

如´ '孔子' 는,

「敎人不厭(교인불염;

남을 가르치기를 싫어하지 않고),

悔人不倦(회인불권;

남을 깨우치기를 게으르지 않음)」이다。

(2) 神仙(신선)·思想家(사상가)는

多(; 대개)^誕(탄; 탄생)´於(어; 에)^㊀運한다。

❷ 凶象〈1〉

若^失令에 不合局이면,

主出´

(1) 小人(; 인격이 부족한 사람)·

(2) 陰謀家(음모가)·

(3) 好色貪淫(호색탐음;41)之^人이다。

古傳(고전)에

佛敎는 〈㊋〉이고,

道敎는 〈㊌〉인데,

牛宿(우수; 동양 별자리 이름)는 〈㊎〉牛(금우; 癸坐에 2.5도와 丑坐의 4.5도로 범위는 7도)이고

爲´玄武〈㊌〉之^次舍(차사; 끝집)인,

故^

道敎思想은 當^興(흥; 흥성)´於^㊀運이다。

出´神仙者는 大多(; 대부분)^

在´

(1) 乾山(건좌손향; 乾6;6은 1의 成數)·

(2) 亥山(해좌사향; 乾6;6은 1의 成數)·

(3) 艮山(간좌곤향;8艮山으로 道觀[도관; 도교사원]이 山에 위치함)이다。

*慧(슬기로울 혜)
*術(꾀 술)
*敎(가르침 교)
*厭(싫을 염)
*悔(깨우칠 회)
*倦(게으를 권)
*誕(태어날 탄)
*陰(응달 음)
*謀(꾀할 모)
*貪(탐할 탐)
*淫(음란할 음)
*傳(전할 전)
*佛(부처 불)
*牛(소 우)
*宿(별자리 수)
*丑(소 축)
*次(버금 차)
*舍(집 사)
*興(일 흥)
#
*鼓(두드릴 고)
*盆(동이 분)
*喪(죽을 상)
*妻(아내 처)

'莊子(장자)' 의 鼓盆(고분; 항아리를 두드림)이란,
喪妻(상처; l;슬픔의 의미)^也이다。

[최주]

(1) 불교
佛教의 절은 산에 있으므로 〈8艮山㊏〉이 되고,
남자스님 〈6乾㊎〉이 되고,
여자스님은 〈2坤㊏〉 이고,
누구든지 成佛하면 부처가 되기 때문에 先天으로 〈乾(;天)〉이며 後天으로는 〈9離㊋〉가 된다.

(2) 기독교
基督教는 西方이므로 〈6兌㊎〉이 된다.

基(터 기)
*督(살펴볼 독)

(3) 도교
道教는 인간중심의 종교이며 地上에서 살아생전에 행복과 수명장수를 목적이기 때문에 先天으로 坤(;地)이며 후천는 〈1坎㊌〉가 된다.

(4) 유교
儒教는 仁(;東方㊍)을 중심으로 하는 사상이므로 〈3震㊍〉이 된다.

*
*儒(선비 유)

<table>
<tr><td colspan="2">艮</td><td colspan="4">坎(1㊌; 玄武)</td></tr>
<tr><td colspan="2">丑</td><td colspan="2">癸</td><td>子</td><td>壬</td></tr>
<tr><td></td><td>牛㊎
우</td><td>女㊏
여</td><td>虛㊐
허</td><td>危㊊
위</td><td>室㊋
실</td></tr>
</table>

【鐘新解】

《幼學瓊林(유학경림;
중국 고대에 아동을 위한 계몽서적)》;

*幼(어릴 유)
*瓊(옥 경)

①「'莊子(장자)' 의 鼓盆歌(고분가)는,
是'夫婦之^死別(;l;슬픔의 의미)이다。」

*鼓(두드릴 고)
*盆(동이 분)
*歌(노래 가)

[註];

「'莊子' 의 妻가 死하여,
'惠子(혜자; 장자의 친구)' 가 弔(조; 問喪)'之하니,
'莊子' 는 箕踞(기거; 다리를 뻗음)하고,

*註(주해 주)
*弔(문상할 조)
#喪(죽을 상)
*箕(키 기)
*踞(웅크릴 거)

鼓盆(고분; 동이를 두드림)^而^歌하였다。」

② '卜商(복상; 공자의 10대 제자)' 은,
春秋시대(; 前770~前221년)에 '衛國(위국)' 人으로,
孔子(前551~前479)의 弟子인데,
字는 '子夏(자하; 前507년~前?)' 이고,
與^ '子游(자유; 前506~前?)' 하여
並列(병렬)´文學科하였다。
'孔子' 가 既(기)^歿(몰; 사망)하고,
'卜商' 은 居´西河(; 陜西[협서]성 舊에는
'同州府' 地로, 在´ '黃河' 의 西있고,
'黃河' 인 卽^《禹貢(우공; 중국 고대 지리서적)》
에 '雍州[옹주]' 之^西河이다)
에서 敎授(교수)하였고,
'魏(위)' 나라 '文侯(문후; 472~396년)' 가
師事(사사; 스승으로 모심)´之이다。

*衛(지킬 위)
*遊(놀 유)
*並(아우를 병)
*列(줄 렬)
*科(과정 과)

*既(이미 기)
*歿(죽을 몰)
*舊(예 구)
*府(관청 부)
*授(줄 수)
*侯(제후 후)
*師(스승 사)
*事(모실 사)

《幼學瓊林(유학경림)》;
'子夏(자하)' 가
哭(곡)하다가 而^喪明(상명; 失明)하였다。
哭而喪明(곡이상명)이란。
釋(석; 해석);「喪明은, 壞目(괴목; 실명)^也이다。」
〈1白坎〉은 爲´「加憂(가우; 1;근심걱정)」이다。

*瓊(옥 경)

*夏(여름 하)
*哭(울 곡)
*喪(죽을 상)
*壞(고장날 괴)

《孟氏逸象(맹씨일상)》에
有´「爲涕涕(위체체)」으로,
主´哭泣(곡읍)^也이다。

*逸(달아날 일)
*涕(눈물 체)
*哭(울 곡)
*泣(울 읍)

【-2黑坤㊏☷地】

〈坤〉은 從´〈㊏〉·從´申이다。
夏至(하지;午)後에 一陰이 生인,
卽^陰은 起(; 시작하다)´於^午이고,
至´處暑(처서; 申;8월 23~24일)하여,
而^三陰이 成也(; 천지비괘)이다。
(辟卦[벽괘]
五月은 ☰☴姤(구; 천풍구)·
六月은 ☰☶遯(돈; 천산돈)·
七月은 ☰☷否(1]; 천지비)이다。)
〈㊏〉의 位가
在´申인, 故^〈坤〉의 位는 西南이다。

*從(좇을 종)
*夏(여름 하)
*至(이를지)
*處(살 처)
*暑(더울 서)

*辟(법 벽)
*姤(만날 구)
*遯(달아날 돈)
*否(아닐 비)

[최주] 12벽괘

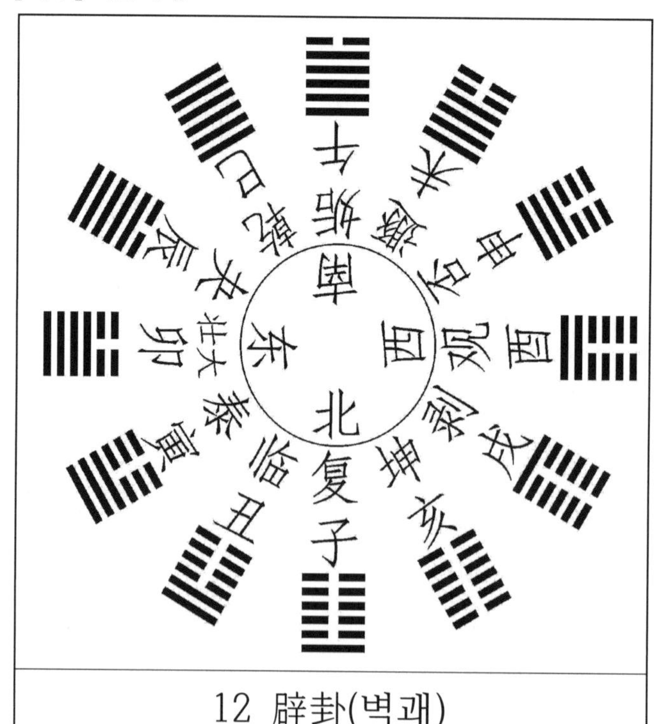

12 辟卦(벽괘)

*辟(법 벽)

12벽괘와 음양소장의 관계

月	地支	卦名	卦象	음양소장 (陰陽消長)
正	寅	地天/泰 (지천/태)		+3陽
2	卯	雷天/大壯 (뇌천/대장)		+4陽
3	辰	澤天/夬 (태천/쾌)		+5陽
4	巳	重天/乾 (중천/건)		+6陽
5	午	天風/姤 (천풍/구)		-1陰
6	未	天山/遯 (천산/돈)		-2陰
7	申	天地/否 (천지/비)		-3陰
8	酉	風地/觀 (풍지/관)		-4陰
9	戌	山地/剝 (산지/박)		-5陰
10	亥	重地坤 (중지/곤)		-6陰
11	子	地雷/復 (지뢰/복)		+1陽
12	丑	天澤/臨 (천택/림)		+2陽

12辟卦와 24節氣表

順	季節	陰月		12辟卦				陰陽	24節氣	黃經	陽曆日
1	春	正	寅	息卦 (陽息 陰消)	泰 태	地天		+③	입춘 立春	315	2월 4~ 5일
2									우수 雨水	330	2월 19~20일
3	〃	2	卯	〃	大壯 대장	雷天		+④	경칩 驚蟄	345	3월 5~ 6일
4									춘분 春分	0	3월 21~22일
5	〃	3	辰	〃	夬쾌	澤天		+⑤	청명 淸明	15	4월 5~ 6일
6									곡우 穀雨	30	4월 20~21일
7	夏	4	巳	〃	乾건	天天		+⑥	입하 立夏	45	5월 6~ 7일
8									소만 小滿	60	5월 21~22일
9	〃	5	午	消卦 (陰息 陽消)	姤구	天風		-1	망종 芒種	75	6월 6~ 7일
10									하지 夏至	90	6월 21~22일
11	〃	6	未	〃	遯돈	天山		-2	소서 小暑	105	7월 7~ 8일
12									대서 大暑	120	7월 23~24일
13	秋	7	申	〃	否비	天地		-3	입추 立秋	135	8월 8~ 9일
14									처서 處暑	150	8월 23~24일
15	〃	8	酉	〃	觀관	風地		-4	백로 白露	165	9월 8~ 9일
16									추분 秋分	180	9월 23~24일
17	〃	9	戌	〃	剝박	山地		-5	한로 寒露	195	10월 8~ 9일
18									상강 霜降	210	10월 23~24일
19	冬	10	亥	〃	坤곤	地地		-6	입동 立冬	225	11월 7~ 8일
20									소설 小雪	240	11월 22~23일
21	〃	11	子	息卦 (陽息 陰消)	復복	地雷		+①	대설 大雪	255	12월 7~ 8일
22									동지 冬至	270	12월 22~23일
23	〃	12	丑	〃	臨림	地澤		+②	소한 小寒	285	1월 6~ 7일
24									대한 大寒	300	1월 20~21일

《彖(단)》에 曰하기를;

『至哉(지재)하구나!
坤의 元(; 氣)이여,
萬物이 (곤의) 資(자; 바탕)로 生하고,
乃^順으로 承(승)´天이다。
坤은 厚(후)하여 載(; 포용)´物하므로,
德은 合´無疆(무강; 끝이 없음)이다。

含(함)하여 弘(홍)하고 光하여 大하여,
品物이 咸(함; 모두)^亨(형; 형통)하다。

牝馬(빈마; 암말)는 地의 類인데,
(암말이)行´地가 無疆(무강)이고,
柔順하고 利貞하여, 君子가 攸^行이다。
先에는 迷(미)하여 失´道하지만,
後에는 順(순)하여 得´常이다。

西南의 得朋(득붕)은, 乃^與´類하여 行이다;
東北의 喪朋(상붕)은, 乃^終(종)에는 有´慶이다。
安貞之^吉은, 應´地에 无疆(무강)이다。』

*彖(판단할 단)
*資(재물 자)
*乃(이에 내)
*承(받들 승)

*厚(두터울 후)
*載(실을 재)
*疆(지경 강)
*含(머금을 함)
*弘(넓을 홍)
*咸(다 함)
*亨(형통할 형)

*牝(암컷 빈)
*疆(지경 강)
*柔(부드러울 유)
*攸(바 유)=所
*迷(미혹할 미)

*朋(벗 붕)
*與(줄 여)
*喪(죽을 상)
*終(끝날 종)
*貞(곧을 정)
*无=無

【鐘新解】

〈坤〉^與^〈乾〉은 對하여 ;
〈+乾〉은 陽이고. 〈-坤〉은 陰이다。
〈乾〉은 剛(강)이고. 〈坤〉은 柔(유)이다。
〈乾〉은 爲´生命之^開始(개시).
〈坤〉은 爲´生命之^完成(완성)이다。
〈乾〉은 爲´天이고. 〈坤〉은 爲´地이다。
〈乾〉은 爲´龍이고, 行´於^天이고;
〈坤〉은 爲´馬이고, 行´於^地이다。
〈乾〉은 主´施(시; 베풀다)하고.

*剛(굳셀 강)
*柔(부드러울 유)
*施(베풀 시)

〈坤〉은 主´受(수; 받다)이다。

(1) 先天之〈艮⑧〉은
位´於^後天之〈乾6〉;
(2) 先天之〈坤②〉은
位´於^後天之〈坎1〉;
(3) 先天之〈乾⑥〉은
位´於^後天之〈離9〉;
(4) 先天之^〈巽④〉은
位´於^後天之〈坤2〉이다。

兌 ⑦	乾 ⑥	巽 ④
離 ⑨		坎 ①
震 ③	坤 ②	艮 ⑧
先天八卦 (體)		

4 **巽**	9 **離**	2 **坤**
3 **震**		7 **兌**
8 **艮**	1 **坎**	6 **乾**
後天八卦 (用)		

4 **巽** ⑦兌	9 **離** ⑥乾	2 **坤** ④巽
3 **震** ⑨離		7 **兌** ①坎
8 **艮** ③震	1 **坎** ②坤	6 **乾** ⑧艮
後天八卦 先天八卦		

〈艮〉은 爲´生門(생문)이고;
〈巽〉은 爲´地戶(지호)이고;
〈坤〉은 爲´死門(사문; 鬼門)이고;
〈乾〉은 爲´天門(천문)이다。

*戶(지게 호)
*鬼(귀신 귀)

[최주] 後天八卦와 八門

4巽 杜門/地戶 (두문/지호)	9離 景門 (경문)	2坤 死門 (사문)
3震 傷門 (상문)		7兌 驚門 (경문)
8艮 生門 (생문)	1坎 休門 (휴문)	6乾 開門/天門 (개문/천문)
後天八卦와 八門		

*杜(막을 두)
*景(볕 경)
*傷(상처 상)
*驚(놀랄 경)
*休(쉴 휴)

《靑囊序(청낭서; 曾公安 저서로 현공풍수고전)》에
曰하기를;
『乾坤艮巽은 號(호)´御街(어가)이고,
四大尊神은 在(재)´內排(내배)이다。』는
是´〈坤2〉는
爲´四大尊神(사대존신)之^一이고,
其^功能(공능; 효력)은,
在´接受(접수)´〈乾〉之^生機(;생명력)이고,
成長´萬物이다。
性은 如(; 같다)´母馬(; 암말)하여,
耐力(내력; 인내력)而^執著(집착)이다。
至´柔(유)하고, 而^動也하여 ^剛(강)이고;
至´靜(정)하여, 而^德이 方(; 바르다)이다。

*囊(주머니 낭)
*御(어거할 어)
*街(거리 가)
*尊(높을 존)
*排(밀칠 배)
*耐(견딜 내)
*執(잡을 집)
*方(바를 방)

❶ 凶象〈2〉
陰之^性은 貪(탐)으로,
失運인 則^迷(미; 미혹)하고,
❷ 吉象〈2〉
得運인 則^有´常(상; 正常)으로;
遇(우; 만나다)´明主(; 현명한 군주)하여,
盡(진; 다하다)´臣의 道(; 도리)也이다。

*貪(탐할 탐)
*迷(미혹할 미)
*常(항상 상)
*盡(다될 진)

〈2坤〉은 爲´老母이고,
統´三女(장녀,중녀,소녀)인데;
〈4巽〉은 長女이고.
〈9離〉는 中女이고.
〈7兌〉는 少女이고, 居´西南하고;
〈6乾〉은 爲´老父이고,
統´三男(장남,중남,소남)인데;

*統(거느릴 통))

〈3震〉은 長男이고.

〈1坎〉은 中男이고.

〈8艮〉은 少男이고 · 居´東北이다。

〈西南(-2)〉은 乃´陰之^同類인,

故^曰´得朋(득붕; 物生)이다。

〈東北(+8)〉은 爲´陽으로, 與^陰하여 異類(이류)인, 故^ 曰´喪朋(상붕; 物滅)인데;

然^陰은 得´陽하여 配하면 方^爲´常道而貴인,

故^

終(종; 마침내)에는 有´慶(경; 기쁨;9)이다。

*乃(이에 내)

*朋(벗 붕)

*喪(죽을 상)

*慶(경사 경

〈 2黑 〉은

在^北斗(; 북두칠성)에서

爲´天璇(천선;Merak; 큰곰자리의 β성)이고,

古名은

「英明´集華´天任´陰精´巨門´元星」(5)이고,

司´法(; 민사;2)이고,

主´月(; 달)이고, 爲´暗星(암성)이고,

化氣는 主´是非口舌(시비구설)이다。

*璇(아름다운옥 선)

*集(모일 집)

*司(맡을 사)

[최주]

	斗星	九星	古名	八門
1白	天樞 (천추)	貪狼 (탐랑)	天蓬 (천봉)	休門 (휴문)
2黑	**天璇 (천선)**	**巨門 (거문)**	**天任 (천임)**	**死門 (사문)**
3碧	天璣 (천기)	祿存 (녹존)	天柱 (천주)	傷門 (상문)
4綠	天權 (천권)	文曲 (문곡)	天心 (천심)	杜門 (두문)
5黃	玉衡 (옥형)	廉貞 (염정)	天禽 (천금)	
6白	天輔 (천보	武曲 (무곡)	天輔 (천보)	開門 (개문)
7赤	瑤光 (요광)	破軍 (파군)	天衡 (천형)	驚門 (경문)
8白	洞名(동명) 玄戈(현과)	左輔 (좌보)	天芮 (천예)	生門 (생문)
9紫	隱光(은광) 招搖(초요)	右弼 (우필)	天英 (천영)	景門 (경문)

*樞(지도리 추)
*蓬(쑥 봉)

*璇(아름다운옥 선)
*任(맡길 임)

*璣(구슬 기)
*柱(기둥 주)

*權(저울추 권)
*杜(막을 두)

*衡(저울대 형)
*禽(날짐승 금)

*輔(도울 보)
*武(굳셀 무)

*瑤(아름다운옥 요)
*驚(놀랄 경)

*戈(창 과)
*芮(풀뾰족할 예)

*招(부를 초)
*搖(흔들릴 요)

【-3碧震㊍ ☳雷】

*雷(우레 뢰)

〈震卦☳〉는
是´從^〈坤卦☷〉하여 而來인데,
取´〈乾卦☰〉의 初爻하여
入´於(어; 에)^〈坤〉之^初爻하는데,
〈乾〉父의 初生之^長子이고,
以^主(; 관장)´〈坤㊏〉하여,
在^古代에서 是爲´諸侯(제후; 도지사)이다。
陽이 起´於^陰下(두 개의 음효의 아래)인데,
劈歷振物(벽력진물; 빠르게 움직임)은
爲´雷(뇌)이다。
雷는 能´發聲인, 故^
爲´聲音이다。

*諸(모든 제)
*侯(제후 후)
*劈(쪼갤 벽)
*歷(지낼 력)
#霹(벼락 벽)
#靂(벼락 력]
*聲(소리 성)

萬物은 莫疾(막질; 빠르지 않다)´乎(; ~보다)^雷인, 故^爲´迅速(;신속)이다。
雷聲은 不過(; 넘지 못함)´百里인,
故^爲´百里侯(백리후; 시장, 군수, 도지사)이다。
〈三碧〉은 在^北斗^
爲´天璣星(천기성; pheoda),
古名은
「通玄須變天柱眞人祿存眞星(䖱)」으로,
爲´令星(영성)이고,
司´爵祿貴壽(작록귀수)이고,
化氣하면 主´禍福財祿(; 화복과 재록의 빈부)이다。

*莫(없을 막)
*疾(빠를 질)
*迅(빠를 신)
*速(빠를 속)

*璣(구슬 기)
*令(우두머리 령)
*爵(잔 작)
*祿(행복 록)

《飛星賦》에
稱´〈三碧〉은 曰´蚩尤(치우; 전쟁의 신)이다。
'蚩尤(치우; BC 27세기경)' 者는,

*蚩(어리석을 치)
*尤(더욱 우)
*黎(검을 려)
#夷(오랑캐 이)
*涿(들을 탁)

上古에

‘九黎(구려; 東夷[동이])’ 之 ^ 君(;임금)으로,
與 ^ ‘黃帝(황제)’ 하여
戰´ 於 ‘涿鹿(탁록; 중국의 지명)’ 之 ^ 野(야; 들판)
인데, 作(; 일으키다)´ 大霧(대무)하여,
‘黃帝(황제)’ 가 造´ 指南車(; 나경)하여 而 ^
擒殺(금살; 잡아 죽임)´ 之(; 치우)하였다。

*鹿(사슴 록)
*霧(안개 무)

*擒(사로잡을 금)

又,
《晉書(진서)・天文志(천문지)》에 云하기를;
『蚩尤旗(치우기)는,
類彗(유혜; 혜성처럼 생김)이데 而 ^ 後曲象(끝부분이 굽은 형)의 旗이고,
主所見之方(; 치우기가 보이는 곳)의 下에
有´ 兵(;전쟁)이다。』 인데
皆 ^ 戰亂(전란)之 ^
義(; 의미)^ 也이다。

蚩尤(치우)

*晉(진나라 진)
*志(뜻 지)

*旗(기 기)
*彗(꼬리별 혜)
*戰(싸울 전)
*亂(어지러울 란)

筆者가 詳考(상고)´
〈震卦〉之 ^ 意象하니,
除 ^ 前에 所述 ^ 之外에도,
尙(상; 또한)^ 有;
敬懼(경구)・驚走(경주)・寬仁(관인)・
鬯茂(울무; 生長이 旺盛)・林木・竹(3)・
禾稼(화가; 農作物)・
萉菜(파채; 채소의 이름)・百穀(백곡)・
麋鹿(미록; 말상, 사슴 뿔, 낙타 목, 당나귀꼬리 모양의 짐

*詳(자세할 상)
*考(상고할 고)
*述(지을 술)
*懼(두려워할 구)
*驚(놀랄 경)
*寬(너그러울 관)
*鬯(울창할 창)
*茂(우거질 무)
*萉(피넨 파)
*禾(벼 화)
*菜(나물 채)
*穀(곡식 곡)
*麋(죽 미)

승) ·
箭矢(전시; 화살; 爲直) · 辯論(변론) ·
忿怒(분노) · 決躁(결조 ;急性子) · 會議(회의) ·
善鳴(선명) · 車馬(거마 ;軍隊 · 戰爭) ·
草莽(초망) · 大塗(대도; 大馬路[; 큰도로]) ·
車廂(차상; 객실이나 화물칸) ·
兄長(형제; 8) · 晩輩(만배; 나이 든 후배) ·
鼓(고; 북) · 笛(적; 피리) ·
奮鬪(분투) · 耒耜(뇌사; 쟁기와 보습) ·
警衛(경위) ·
征伐(정벌) ·
反(반) ·
交(교) ·
出(출) ·
常(상) ·

*鹿(사슴 록)
*箭(화살 전)
*矢(화살 시)
*忿(성낼 분)
*怒(성낼 노)
*決(터질 결)
*躁(성급할 조)
*鳴(울 명)
*莽(우거질 망)
*塗(진흙 도)
*廂(행랑 상)
*晩(저물 만)
*輩(무리 배)
*奮(떨칠 분)
*鬪(싸움 투)
*耒(쟁기 뢰)
*耜(보습 사)
*警(경계할 경)
*衛(지킬 위)
*征(칠 정)
*伐(칠 벌)

創造(창조; 1) ·
啟動(계동) ·
發起(발기) ·
威武(위무) ·
足(족) ·
肝膽(간담) ·
筋(근) ·
神經系統(신경계통; 5) ·
音樂(음악) ·

*創(비롯할 창)
*造(지을 조)
*啟(열 계)
*起(일어날 기)
*威(위엄 위)
*筋(힘줄 근)

前往(전왕; 前進) ·
侍從(시종) ·
好大喜功(호대희공) ·
炸藥(작약;화약;39) ·
礮學(포학) · 發電機(발전기) ·

*侍(모실 시)
*從(좇을 종)
*炸(터질 작)
*礮(돌쇠뇌 포)
*總(거느릴 총)

繼承人(계승인; 長子, 상속자) ·
總幹事(총간사)^ 等이다。

【-4綠巽㊍ ☴風】

〈4綠〉은 配´〈巽〉卦이고,
爲´‘文昌(; 공부)’之^神
(從[종; 부터]^古代的^星座意義^而^來)이다。

*從(좇을 종)
*座(자리 좌)

〈巽〉的^字의 形象은
二人이 跪膝(궤슬)하며 相從하는 狀(상; 모양)으로,
有´
俛伏(면복)·
相從(상종)·
相合(상합)·
柔順(유순;2)·
恭謹(공근)·
謙讓(겸양; 謙巽)^
等의 含義(함의)이다。
卦象은
陰이 順(; 다르다)´陽이므로,
具(구; 가지다)´柔美(유미)한 性質이다。

*跪(꿇어앉을 궤)
*膝(무릎 슬)
*從(좇을 종)
*狀(형상 상)
*俛(숙일 면)
*恭(공손할 공)
*謹(삼갈 근)
*謙(겸손할 겸)
*讓(사양할 양)

*含(머금을 함)
*具(갖출 구)
*柔(부드러울 유)

《說卦傳(설괘전)》에 謂´
〈巽〉은 爲´入·爲´風인데;
風은 無處不入(; 들어가지 않는 곳이 없음)也이다。
風이 動而入하여, 長養´萬物이다。
但^
風은 亦^能^擾亂(요란)´萬物的^寧靜(영정)으로;
風이 吹(취)´止水(지수; 고요한 물)인,
則^生´波濤(파도)이고;
風이 吹´潛火(잠화; 조용한 불)인,
則^生´烈燄(열염)이다。

*謂(이를 위)
*擾(어지러울 요)
*寧(편안할 녕)
*靜(고요할 정)
*吹(불 취)
*波(물결 파)
*濤(큰 물결 도)
*潛(자맥질 잠)
*燄(불붙을 염)
*滅(없어질 멸)

[최주]

(1) 식물은 암술과 수술에 風이 불면[動] 수정(受精)되고,
(2) 동물도 그것이 그곳에 入하여 動하여야 수정이 되고,
(3) 암석(巖石)에 바람이 불면 마멸(磨滅)되고,
(3) 땅[㊏]속에 바람이 들어가면 오염(汚染)되고,
(4) 인체에 바람이 들면 中風걸리거나 虛風쟁이가 된다。

*磨(갈 마)
*滅(멸망할 멸)
#虛(빌 허)

人心은 本(; 본래)^明靜(명정)인데,
由於(유어; ~때문에)^塵世(진세; 속세)이
擾之而動(요지이동)하여,
多數人의 心意는 皆^動하여
而^成´世風이 擾攘(요양)이다。

*靜(고요할 정)
*塵(티끌 진)
*擾(어지러울 요)
*攘(혼란할 양)

〈巽〉的^其他의 槪念(개념)과 意象은;
感化(감화)·
輕浮(경부)·
迷惘(미망; 2)·
社交(사교)·
信用(신용; 5㊏)·
名譽(명예)·
純潔(순결)·
長養(장양)·
合適(합적; 적당)·
和平(화평;8)·
利潤(이윤)이다。
《河圖》五行은 屬´〈㊎(4,9)〉이고,
《洛書》五行은 屬´〈㊍(3,4)〉인, 故^
〈4綠〉的^本質은
雖^

*槪(대개 개)
*念(생각할 념)
*輕(가벼울 경)
*浮(뜰 부)
*迷(미혹할 미)
*惘(멍할 망)
*適(갈 적)

*執(실행할 집)

為´柔美(유미)的인 文藝性質이지만,
其^實은 亦^具有(구유; 가지다)´
堅貞清廉(견정청렴)하고 而^
執法的(집법적)^剛正(강정)한 性質이다。

*堅(굳을 견)
*廉(청렴할 렴)
*剛(굳셀 강)×柔
@强(굳셀 강)×弱

❶ 吉象〈-4〉

當(; 當時)^其^生旺(생왕)이면,
主´
(1) 文章名世·
(2) 科甲聯芳(과갑연방)·
(3) 巨富好義(거부호의)·
(4) 多^生´男·女子의 容貌端姸(용모단연)하고·
(5) 聯姻(연인; 혼인)´貴族(귀족)하고·
(6) 物阜(물부; 만물풍성)과
(7) 人康(인강; 건강)하고;

*潤(젖을 윤)
*芳(명성 방)
*貌(얼굴 모)
*端(바를 단)
*姸(고울 연)
*族(겨레 족)
*阜(언덕 부)
*康(편안할 강)

❷ 凶象〈-4〉

當´其^剋煞(극살)이면,
生´
(1) 瘋哮(풍효)·
(2) 自縊(자액; 자살;46)·
(3) 刀兵(; 싸움, 전쟁; 巽宮에서도 辰)·
(4) 孤伶(고령; 고독)·
(5) 婦女淫亂(부녀음란)·
(6) 男子酒色破家(남자주색파가)·
(7) 漂流絶滅(표류절멸)이다。

*瘋(미칠 풍)
*哮(으르렁할 효)
*伶(외로울 령)
*淫(음란할 음)
*漂(떠돌 표)
*滅(멸망할 멸)

[최주] 〈 -4巽㊍ 〉〈 -9離㊋ 〉〈 -7兌㊎ 〉

(1) 〈 -4巽㊍ 長女 〉
吉; 곱고 곡선미가 아름다운 정숙(貞淑)한 佳人,
凶; 겉과 속이 다르고 욕심이 많은 여자.

#佳(아름다울 가)
#嬌(아리따울 교)

(2) 〈 -9離㊋; 中女 〉

吉; 화려하고 허리가 날씬하고[☲;] 눈이 예쁨.

凶; 악질이며 사기성이 많고 사치낭비가 심함.

#狡(교활할 교)

#猾(교활할 활)

(3) 〈 -7兌㊎; 少女 〉

吉; 애교(愛嬌)가 넘치고 귀엽고 잘 웃는 美人

凶; 이간질, 교활(狡猾)하고 천박한 여자.

【 5黃中央㊏ ×】

【鐘新解】

〈五黃廉貞(오황염정)〉 位는
居´中宮이고,
其^行은 屬´〈㊏〉 이다。
中宮은
乃´天心으로
建極(건극; 나라의 법을 세움)之^基(기; 사업)으로,
〈㊏〉는 乃´五行之^主이다。
➔〈㊌〉는 有´所屬(소속)이고.
⇦〈㊋〉는 有´所藏(소장)이고.
🡐〈㊍〉은 有´所發(소발)이고,
⇨〈㊎〉은 有´所別(소별)인데,
莫不(; 아닌 것이 없다)^皆가 因^〈㊏〉하여
而^後成^也이다。

*廉(청렴할 렴)
*貞(곧을 정)

*居(있을 거)
*屬(속할 속)
*建(세울 건)
*極(다할 극)
*藏(감출 장)
*莫(없을 막)

‘朱子(; 朱熹; 1130~1200년)’ 가
所謂^
『〈㊌㊋〉는 之所^寄(기)이고,
〈㊎㊍〉은 之所^資(자)이고,
居中(㊏)하여 而^奠(존)´四方하고,
一體는 而^載(재)´萬類者^也이다』。

*謂(이를 위)
*寄(부칠 기)
*資(재물 자)
*尊(높을 존)
*居(있을 거)
*載(실을 재)
*類(무리 류)

24山之^〈乾坤艮巽〉인 四維之^卦는,
十干에 所^不臨인,
故^
〈乾〉은 寄´戊이고.
〈坤〉은 寄´己이고.
〈艮〉은 寄´庚이고.

*維(바 유)
*臨(임할 림)
*寄(부칠 기)

*沈(성씨 심)
*竹(대 죽)
*礽(다행 잉)
*兒(아이 아)

〈巽〉은 寄´乙이다。
(見´沈竹礽의 著《周易示兒錄(주역 시아록)》)

*錄(기록할 록)

中宮인, 卽^戊己(무기)인데,
而^
〈㊏〉氣가 分散(분산)´於^辰戌丑未이고,
旺´於^四立(입춘, 입하, 입추, 입동)前의 18日로,
一年은 共^旺´72日(18*4=72일간)이다。

三元東西四命法에서·
(1) 人道
〈5黃〉命은 以^
男은 寄´〈坤〉하고·
女는 寄´〈艮〉인데,
此는 人道이며
〈艮〉〈坤〉은 生·死門^也이다。

*寄(부칠 기)

(2) 天地之道
若^
年星〈5黃〉이 入中인, 則^
陽年에는 寄´〈乾〉하고·
陰年에는 寄´〈坤〉인데,
此는 天地之道이며, 消長往來(소장왕래)^也이다。

*消(사라질 소)
*長(성장할 장)
*往(갈 왕)
*來(올 래)

〈5黃〉이
在´中인, 則^
八方之^卦는 爲´八純卦(팔순괘)이지만,
若^
飛出되면·其位는 無定하고·
氣는 亦^無定(무정; 고정되지 않음)·
寄´宮於^他卦이다。

*純(순수할 순)

㊃綠巽 巽爲風	㊈紫離 離爲火	㊁黑坤 坤爲地
㊂碧震 震爲雷	㊄黃中	㊆赤兌 兌爲澤
㊇白艮 艮爲山	㊀白坎 坎爲水	㊅白乾 乾爲天
八純卦(팔순괘)		

六白巽 天風姤 (천풍구)	二黑離 地火明夷 (지화명이)	四綠坤 風地觀 (풍지관)
五黃震 澤雷隨 (택뇌수)	七赤′中宮	九紫兌 火澤暌 (회택규)
一白艮 水山蹇 (수산건)	三碧坎 雷水解 (뇌수해)	八白乾 山天大畜 (산천대축)
七運 盪卦(탕괘)		

一運에 〈5〉는 在′離인데,

　此 〈5〉는 〈坎〉 之氣이다。

二運에 〈5〉는 在′〈艮〉 인데,

　此 〈5〉는〈坤〉 之氣이다。

三運에 〈5〉는 在′〈兌〉 인데,

　此 〈5〉는 〈震〉 之氣이다。

四運에 〈5〉는 在′〈乾〉 인데,

　此 〈5〉는 〈巽〉 之氣이다。

五運에 視所^用′山向하여 爲′何卦이므로,

〈5〉는 何卦之氣이다。

六運에 〈5〉는 在′〈巽〉인데,

此〈5〉는 〈乾〉之氣이다;

七運에 〈5〉는 在′〈震〉인데,

此〈5〉는 〈兌〉之氣이다;

八運에 〈5〉는 在′〈坤〉인데,

此〈5〉는 〈艮〉之氣이다;

九運에 〈5〉는 在′坎인데,

此〈5〉는 離之^氣이다。

[최주]

7	3	5
6	八運	1
2	4	9
八運 盪卦(탕괘)		

八運에 〈5〉는
在′〈坤〉인데,
此〈5〉는
〈艮〉之氣이다;

〈5黃〉은

在^北斗에서 爲′玉衡星(Alioth[알리오스])이고,

古名은

「執慶剛昱天禽丹元(집경강욱천금단원)

廉貞(염정)綱星(강성)(; 軆星[필성])이」다。

(1) 爲′殺星으로,

(2) 司′品秩(품질; 관리의 등급)·

(3) 權令(권령)하고,

(4) 化氣하여 爲′囚(수)이고·

*衡(저울대 형)
*執(잡을 집)
*慶(경사 경)
*剛(굳셀 강)
*昱(빛날 욱)
*禽(날짐승 금)
*秩(차례 질)
*囚(가둘 수)
*桃(복숭아 도)

(2) 爲´次에는 桃花(도화;9)이다。

❶ 吉象〈5〉

得令^時에는

主具´特殊之^氣質으로,

有´堅忍卓絶(견인탁절; 인내심이 뛰어남)之^精神(정신)으로;

大人物^也이다。

*堅(굳을 견)
*忍(참을 인)
*卓(높을 탁)
*絶(끊을 절)

❷ 凶象〈5〉

失令時에는

多主´

(1) 剛愎自用(강퍅자용; 나쁜 의미의 제멋대로)하고,

(2) 殘暴狠毒(잔폭한독)으로;

(3) 魔王匪類(마왕비류)也이다。

*剛(굳셀 강)
*愎(괴팍할 퍅)
*殘(해칠 잔)
*暴(사나울 폭)
*狠(사나울 한)
*毒(독 독)
*魔(마귀 마)
*匪(도욱 비)

《流年九星斷》에 云하기를 ;

『〈5黃廉貞〉은,

位가 鎭(진; 지키다)´中央하고,

威(위)는 揚(양)´八表(; 팔방의 끝)이고,

其^色은 黃이고, 五行은 屬´〈㊏〉이다。

宜´靜하고

不宜´動인데, 動인 則^終(; 결국)^凶하고;

宜´補(보; 相生)하고

不宜´剋(; 相剋)인데,

剋´之한 則^禍가 疊(첩; 중첩)이다。

戊己大煞(;5)은,

災(재)와 害(해)가 並^至하고,

會´太歲(태세)·歲破(세파)이면,

禍患(화환)이 頻仍(빈잉; 빈번)이다。

故^

*鎭(지킬 진)
*威(위엄 위)
*揚(오를 양)
*靜(고요할 정)
*宜(마땅할 의)
*終(끝날 종)
*補(기울 보)
*禍(재화 화)
*疊(겹쳐질 첩)
*頻(자주 빈)
*仍(인할 잉)
*坦(평평할 탄)
*短(짧을 단)

此星이 値´方에,

❷-1 凶象;氣弱 〈5〉

在´平坦之地·門路가
短散(단산; 氣弱)이면,
猶(유)^有´疾病이고,

❷-2 凶象;氣强 〈5〉

臨´高峻之處·門路가 長聚(장취; 氣强)이면,
定^主´傷人이다。

*散(흩을 산)
*猶(오히려 유)
*聚(모일 취)

値´其^凶이면,
遭(조)´回祿之災(회록지재; 화재)하여,
萬室(; 모든 집)이 咸(함; 모두)^燼(신; 불에 탐)하고·
遇´瘟癀之厄(온황지액; 전염병)·
五子(; 자식 5명)가 云´亡(;사망)이다。

*咸(모두 함)
*燼(불탈 신)
*瘟(염병 온)
*癀(황달병 황)

其^性은 最烈(최열)이고,
其^禍는 最酷(최혹)하다。
何^其甚^也(; 왜 심한가)인가?
蓋^以^〈㊏〉는 爲´五行之^主으로,
中(; 중앙)에 爲´建極之^基이고,
有´天子之尊(천자지존; 최고의 통치자)으로,
司(사; 담당)´萬物之命이므로,
不可輕(불가경)´犯^也이다。
倘(당; 혹시)^
有´大石이나·尖峰인데
觸(촉)´其^怒(노; 노여움)하면,
古樹(고수)·神廟(신묘)는 壯(장; 웅장)´其^威하여,
如(마치)^火가 炎炎(염염; 뜨겁다),
不可嚮邇(불가향이; 가까이 하지 마라)^矣이다!』

*烈(세찰 렬)
*酷(독할 혹)
*建(세울 건)
*極(다할 극)
*尊(높을 존)

*觸(닿을 촉)
*怒(성낼 노)
*樹(나무 수)
*廟(사당 묘)
*壯(씩씩할 장)
*威(위엄 위)
*炎(불탈 염)
*嚮(울림 향)
*邇(가까울 이)

因爲^
〈5黃〉이 寄´於^中宮이므로,
所以^《易經》64卦에는
沒有(몰유;없다)´八卦^與^〈5黃〉的^組合이지만,
筆者(: 鐘義明)가
參考(참고)´其他書籍(기타서적)하여,
將(장; ~을)^〈5黃〉^與^其餘〈八星〉의
組合之^吉凶의 斷語를,
列述(열술)´於^後하였다。

*寄(부칠 기)
*沒(가라앉을 몰)
*列(벌일 열)
*述(지을 술)

※
'目講(목강; 元末明初^著名風水師)' ^師의
《太極數(태극수)》에
以^周圍이 皆^水가 環繞之地(환요지지)는
爲´「中宮局(; 호수 안에 섬 같은 경우)」으로,
玄空飛星에서
以^山向을 入´中宮之^飛星^及^
排到(배도)´〈8白〉之^飛星을 爲主하는데,
善(;잘하다)´讀書(; 공부)者는
當^靈活變通(영활변통)하므로,
不可^拘泥(구니; 얽매임)^也이다。

*講(익힐 강)
*圍(둘레 위)
*環(고리 환)
*繞(두를 요)
*靈(신령 령)
*活(살 활)
*變(변할 변)
*通(통할 통)
*拘(잡을 구)
*泥(진흙 니)

※
除^五運에〈5黃〉當令^之外에,
其他에 各運은
若^
山盤飛星(;山星)이 逢´〈수黃〉이고 而^
有´
高峰(고봉)·
巨石(거석)·

*樹(나무 수)
*樓(다락 루)
*稀(드물 희)

大樹(대수)·
樓宇(누루; 높은 건축물)은,
均^主´人丁이 稀少(희소; 저출산)하다。

※
一二八九運時(; 三四五六七運은 제외)에는,
〈5黃〉은
是´「殺氣」인데,
飛星〈5黃〉이 所臨之^方에는,
忌/有´高逼巉巖破面(고핍 참암 파면)之^山峰·
枯樹(고수)·
神廟(신묘; 처마 끝이 뾰족한 사당)·
湍激大水(단격대수; 빠르고 큰물)·
人潮往來走動(인조왕래주동; 사람의 왕래가 많은 곳)·
爐冶窯灶(노야요조; 대장간, 가마)는,
主´
(1) 癌症(암증)·
(2) 火災(화재)·
(3) 鬼怪(귀괴)·
(4) 橫死(횡사)·
(5) 瘋狂(풍광; 정신이상)·
(6) 痴獃(치애; 바보)이다。

*臨(임할 림)
*逼(닥칠 핍)
*巉(가파를 참)
*巖(바위 암)
*枯(마를 고)
*樹(나무 수)
*湍(여울 단)
*激(물세찰 격)
*潮(조수 조)
*爐(화로 로)
*治(다스릴 치)
*窯(가마 요)

*怪(기이할 괴)
*瘋(두풍 풍)
*狂(미칠 광)
*痴(어리석을 치)
*獃(못생길 애)

※
申聽禪(신청선; 笙詩[생시; 본명];심조면의 제자)이
著(저)^
《玄空捷訣(현공첩결; 1929년 출간한 현공풍수서적)》에
論´〈5黃〉作法인데;
〈5黃〉은 爲´最煞(최살)이지만,
五運에는 尙^無妨(무방)이다。

*聽(들을 청)
*禪(봉선 선)
*捷(이길 첩)
*訣(이별할 결)
*煞=殺
*妨(방해할 방)

山向飛星이 逢´之하면,
切(절; 매우)^宜´留意이다。
年白(; 年紫白 또는 流年의 의미)이 加臨하면,
更^當^小心(; 조심)이다。
書에 云하기를 ;
『〈5黃〉이 到^處는
不留情(; 有情함이 머물지 않음)이다。』인데
犯者(범자)는
喪丁敗絕(상정패절)인데, 無可救藥(무가구약; 약이 없음)이다。

*留(머무를 류)
*臨(임할 림)
*到(이를 도)
*喪(죽을 상)
*救(도울 구)

運盤^〈五黃〉가 所到는,
忌´高이고 宜´平이고,
莫妙卸水(막묘사수; 吉水이 있는 것이 최고)이다。

*卸(풀 사)

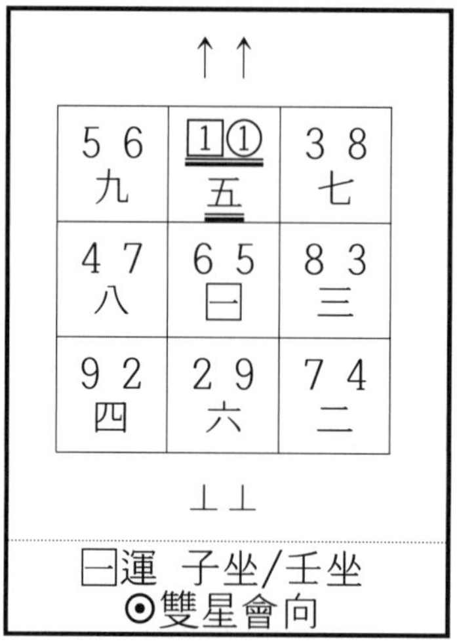

5 6 九	1① (雙星) 五	3 8 七
4 7 八	6 5 一	8 3 三
9 2 四	2 9 六	7 4 二

↑↑ ⊥⊥

一運 子坐/壬坐
⊙雙星會向

譬如(비여)´
一運하자면;
運盤〈五黃〉이 到´離인데,
如^
用´午丁向인,
則^向前의 案砂가
不宜´過(; 지나치게)^近이고,
尤(; 더욱)^
不宜´高인데; 高(; 높이)는 亦^須^平正이고,
近은 亦^須^隔(격; 간격)´河水나 或^低田인,
則^無妨(무방)^矣이다。
如^
用´高墩(고돈)이 作案이면,

*譬(비유할 비)
*如(같을 여)
*案(책상 안)
*宜(마땅할 의)
*過(지날 과)
*近(가까울 근)
*尤(더욱 우)
*隔(사이 뜰 격)
*河(강 하)
*低(낮을 저)
*妨(방해할 방)
*墩(돈대 돈)

宜´去´半里之^外인데;
若^用´高山(고산)이 作案이면,
宜´去´三里之^外이다。

總之(총지; 종합)하면;
山은 愈(유)^高한 則^距(거; 거리)가 宜´愈^遠하고, 且^
隔河(격하; 산이 물을 사이에 두다)하여야 爲´貴이다。
若^
山向飛星이 挨到´〈5黃〉之^處인, 則^
更^宜^取´水하여야 解이다。

*總(거느릴 총)
*愈(더욱 유)
*距(떨어질 거)
*遠(멀 원)
*隔(사이 뜰 격)
*解(풀 해)

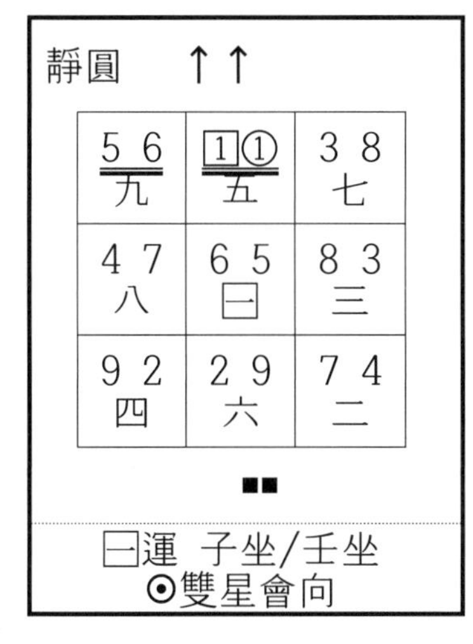

例如^一運에
午丁之^向盤에서;
〈5〉가 入中하여,
山盤(;山星)〈수〉는 到´
〈巽〉이고, 與^
向盤(向星)〈⑥白〉은
同位이다。

*收(거둘 수)
*抱(안을 포)
*靜(고요할 정)
*圓(둥글 원)
*餘(나머지 여)
*類(무리 류)
*推(옮을 추)

其^水는 宜^收抱(수포)´靜圓(정원)이다。
餘(여; 나머지)도 類推(유추)하세요。

*收(거둘 수)
*抱(안을 포)
*靜(고요할 정)
*圓(둥글 원)

凡^
〈5黃〉이 在左在右이고,
平砂는 無妨(무방)하고,
有水이면 尤(우;더욱)^佳이다。
〈5黃〉이 到山한
則^皆^宜^坐(;위치하다)´水인데,

*妨(방해할 방)
*佳(아름다울 가)
*圍(둘레 위)
*城(성 성)

若^
坐山에 有´高峰인 則^宜作´圍城(위성)인데,
使^圍城이 高하고 而^墳頂(분정; 봉분)이 低인,
則^不受´坐山之^高壓(고압)^矣이다。

*墳(무덤 분)
*頂(정수리 정)
*低(밑 저)
*壓(누를 압)

用事의 流年·歲月煞·歲破^外에,
〈5黃〉이 加臨´坐山· 向首(卽^年白加臨),
俱^不宜´動인데,
若^
已經(; 이미)^用事이면
而^他年〈5黃〉이 飛到者는,
是年에는 亦^不宜´修築(수축)인데,
犯者이면 禍(화)가 立至(입지; 즉시 이른다)한다。

*臨(임할 림)
*俱(함께 구)
*修(닦을 수)
*築(쌓을 축)
*禍(재화 화)
*至(이를 지)

※
《玉鏡正經(옥경정경)》 ;
『八山이 最^怕´〈5黃〉이 來인데,
縱(종; 설령)有´生氣이라도 絶´資財(자재)이고;
凶中에
又^遇堆(우퇴)´黃到(; 년월 5황이 중첩)되면,
彌(미;더욱)^深´災禍하고 器聲(;반응)이 哀하다。』

*鏡(거울 경)
*怕(두려워할 파)
*縱(설령 종)
*遇(만날 우)
*堆(쌓을 퇴)
*彌(두루 미)
*深(깊을 심)
*器(그릇 기)
*聲(소리 성)
*哀(슬플 애)

〈5黃〉이
到´死·退方하여도
亦^有´災殃(재앙)이고,
到向·到山·到方하면,
其^禍는 愈(유; 더욱)^甚하다。
按(안)하건대 ;
〈5黃〉이
飛臨(; 指´年月의〈5黃〉이 飛臨)之^方은,
惟^

*退(물러날 퇴)
*災(재앙 재)
*殃(재앙 앙)
*愈(더욱 유)
*甚(심할 심)

失令·上山下水^及^修造動土(수조동토)하여야,
方(; 비로소)^有´災殃(재앙)이다。

*修(닦을 수)
*造(지을 조)

若^
在^當令·旺山旺向
(;山上飛星[; 山星]의 生旺氣가 飛到之處에
有´山峰·實地이거나,
水上飛星[; 向星]의 生旺氣가 飛到之處에
有´流水·池湖·空低之地이고)
而^無´修造動土(수조동토)이면,
據(거)´筆者의 考驗(고험; 경험)의하면,
這^種의 情形은,
〈5黃〉이
在^「山」이면 主´添丁(첨정)· 出貴(출귀)이고;
在^「水」이면, 主´發財(발재)· 出名(출명)이다。

*修(닦을 수)
*造(지을 조)
*池(못 지)
*湖(호수 호)
*低(밑 저)
*據(의거할 거)
*考(상고할 고)
*驗(증험할 험)

※《5黃關剋斷(오황관극단)》;
『〈5黃〉은 中央이며
〈戊己㊏〉로,
飛出´外方하면 是´惡㊋(;9)이다。
〈㊎㊍〉과 相關하면 必^損人(손인)이고,
關殺(;㊏)이 來臨하면 生´大禍(대화)이다。
〈㊎㊋〉와 相關하면 必^主絶(주절)이고,
〈㊌㊋〉와 相關하면 也^遭滅(조멸)이다。
〈㊍〉이 加關하면 〈㊏〉는 必^招瘟(초온)이고,
〈㊏〉가 遇關´〈㊌〉은 敗亡이 別하다。』
『或^云하기를 ;
〈㊎〉에 關´〈㊍〉이면 主´絶이고,
〈㊍〉에 關´〈㊎〉이면 主´瘟이고,
〈㊌㊋〉가 相關이면 主´絶이고,

*遭(만날 조)
*滅(멸망할 멸)
*招(부를 초)
*瘟(염병 온)

〈㊏〉에 鬪´㊏〉이면 主´亡이다。』

※

《陽宅集成(양택집성)》;

〈5黃〉所在의 論;

〈安宅定論〉에 云하기를 ;

『〈5黃〉이 所在는

宜^安靜(안정)인데,

不宜^動作이고,

犯主´瘟癀橫災(온황횡재)인데,

應´5數人인데 ;

以^〈5黃〉은 爲´瘟癀之^主이고,

定(;반드시)^數가 5(; 5명)^也이다。』

*瘟(염병 온)
*癀(황달병 황)

(1) 〈離(;㊋)〉方

到´〈離〉方은;

有´錐子(추자; 송곳)이거나 或^灶(주; 부엌)이면,

以^二〈㊋〉가 助´之하여,

主´傷´5數人이고;

造´碓(대; 방아;㊌)인 則^滅禍(멸화)이고,

〈㊌〉가 剋´〈㊋〉也이다。

*錐(송곳 추)
*灶(부억 조)
*碓(방아 대)
*滅(멸망할 멸)

(2) 〈坤(;㊏)艮(;㊏)〉方

到´〈坤〉·〈艮〉方은;

有´方屋(방옥)·方碓(방대;㊏)는,

以^二〈㊏〉기 結´成局으로,

必^主´瘟癀(온황)이다。

穿井(천정; 우물을 파다;㊍)인 則^減禍(감화)인데,

以^〈㊍〉이 剋´〈㊏〉也이다。

*瘟(염병 온)
*癀(황달병 황)
*穿(뚫을 천)
*減(덜 감)

(3) 〈震(;㊍)巽(;㊍)〉方

*減(덜 감)

到´〈震〉·〈巽〉方은;
有´井이면,
以^二〈㊍〉이 制´〈5黃〉之〈㊏〉한 則^
禍가 少減(소감)이다。

(4) 〈乾(;㊎)兌(;㊎)〉方
到´〈乾〉·〈兌〉方은;
有´圓厠(원측; 원형 변소;㊎)은
洩´〈5黃(㊏)〉之^氣하여, 禍가 少減한다。
方厠(방측; 사각형 변소;㊏)는 禍가 重하다。

*厠(뒷간 측)
*洩(샐 설)

(5) 〈坎(㊌;)〉方
到´〈坎〉方이고;
有´碓(대; 방아;㊌)이면,
乃^〈5黃(㊏)〉가 所制之^地으로,
或^瘟이거나 或^火로,
任´其^所之하면,
無不(; ~하지 않는 것이 없음)´酷烈(혹렬)이다。

*碓(방아 대)
*瘟(염병 온)
*酷(독할 혹)
*烈(세찰 렬)

大抵(대저)^
〈5黃㊏〉凶星은,
宜^落´受制之方이고,
不宜^落´制方之地으로,
無´六事(; 주변의 砂)의 沖射(충사)한,
則^禍가 不見이다。
不´動作의 興工(흥공; 공사를 일으키다)인,
則^禍가 不烈이다。

*沖(충돌할 충)
*射(쏠 사)
*烈(세찰 렬)
*興(일어날 흥)
*工(장인 공)

[최주]
〈㊍〉剋〈㊏〉로 〈㊏〉를 相剋하는 것보다
〈㊏〉生〈㊎〉으로 〈㊏〉를 洩氣하는 방법이 더욱 좋다。

沖射나 動象이 없을지라도 客星이 이르면 禍가 나타난다。
制殺인 則^禍가 減하고,
助殺인 則^禍가 甚하다。

【鐘按】
《安宅定論(안택정론)》;
(1) 死板(사판)
所言의 〈5黃〉 이 臨方하면,
是以^
元旦盤(; 洛書)의 方位의 六事^及^形狀은,
用´五行의 生剋하여 論´凶禍的^程度(정도)인데,
讀者는
不可拘泥(불가구니)´ ‘死板(사판)’ 이다。
(2) 活板(활판)
當^
以^元運之^生旺退衰死殺(생왕 퇴쇠 사살),
挨星之^
天盤(; 運盤)·
地卦(; 山盤, 山星)·
天卦(; 向盤, 向星)·
收山出煞法(수산출살법)하고,
視´實際巒頭(실제만두)의 形勢하고·
修造動作(수조동작)之^大小하고,
配合하여 論斷하는데,
如´此하여 ‘活看(활간)’ 하여야,
方(;드디어)^能´準確(준확; 정확)이다。

到´離方(; 9㊋)는,
可^活看´爲 〈59〉 · 〈95〉 하고;
到´ 〈坤艮(;28㊏)〉 는,

*拘(잡을 구)
*泥(얽매일 니)
*板(널빤지 판)

*配(아내 배)
*準(수준기 준)
*確(굳을 확)

可活看´爲〈52(25)〉·〈58(85)〉하고;
到´〈震巽(34㊍)〉은,
可活看´爲〈53(35)〉·〈54(45)〉하고 ;
到´〈乾兌(67㊎)〉은,
可活看´爲〈56(65)〉·〈57(75)〉하고 ;
到´〈坎(1㊌)〉方은,
可^活看´爲〈51(15)〉한다。

〈5黃〉이 若^與^
〈7赤〉·〈9紫〉
這^兩^顆(과; 星)가
先後天으로 〈㊋〉星이 相會하거나,
或^飛臨´元旦盤的^〈兌(7)離(9)〉兩方이거나,
或^飛臨´天盤(;運盤)的^〈7·9〉之^方이면,
忌(기; 파하다)´修造의 動作이고,
或^該方에
有´
神廟(신묘)·
紅屋(홍옥)·
爐冶窯灶(노야요조)·
巨石(거석)·
枯木(고목; 죽은 나무)·
湍急大水(단급대수)·
尖射沖路(첨사충로)이 相應하면,
均^主´火災이다。

*與(줄 여)
*這(이 저)
*顆(낟알 과)
*廟(사당 묘)
*屋(집 옥)
*爐(화로 로)
*冶(불릴 야)
*窯(가마 요)
*灶(부엌 조)
*枯(마를 고)
*湍(여울 단)
*急(급할 급)

*尖(뾰족할 첨)
*射(궁술사)
*沖(충돌할 충)
*路(길 로)

*應(응할 응)
*均(고를 균)

(1) 方形(방형; 정사각형)은
屬´〈㊏〉이고.
(2) 圓形(원형)은
屬´〈㊎〉이고.

*方(네모 방)
*屬(속할 속)
*尖(뾰족할 첨)
*及(그리고 급)
*深(깊을 심)

(3) 尖形(참형)은

屬´〈㊋〉이고.

(4) 直長(직장; 직사각형)^及^深者(심자)는

屬´〈㊍〉이고.

(5) 彎曲活動(굴곡활동)者는

屬´〈㊌〉이다。

*彎(굽을 만)
*曲(굽을 곡)

【+6白乾㊎ ☰天】

〈乾〉은 健(건)^也이며;
〈乾〉은 爲´首(수; 우두머리, 두뇌)이다;
〈乾〉은 爲´天・爲´圜(환)・
爲´君(; 임금)・
爲´父・
爲´玉・
爲´金・
爲´寒(한)・
爲´冰(빙)・
爲´大赤(대적; 서쪽 노을)・
爲´良馬(양마)・
爲´老馬(; 老錬[노련]한 말)・
爲´駁馬(박마)・
爲´木果(목과)이다。

*健(튼튼할 건)
*圜(두를 환)
*氷(얼음 빙)

*良(좋을 량)
#錬(단련 련)
*駁(맹수 박)

【鐘新解】

〈乾〉位는 西北이고,
上古時에 爲´北斗之位이고,
宇宙萬物의 開端(개단; 시작)이다。
在^北斗이고,
配^闓陽(개양; Mizar[미자르]; 북두칠성의 제6성),
古名은
「大益樞京天輔北極武曲紀星(귀 前)」이고,
主´
(1) 天倉百穀(천창백곡),
(2) 司´財帛(재백),
(3) 化氣爲福・

*端(시작 단)
*闓(열 개)
*輔(덧방나무 보)
*穀(곡식 곡)
*帛(비단 백)
*祿(복 록)

(나) 祿(녹)이다。

① 健(건);
强而有力^也이다;
陽剛(양강)之^氣는, 運行이 不息(불식)也이다。

*健(튼튼할 건)
*强(굳셀 강)
*剛(굳셀 강)
*息(숨 쉴 식)

② 首(수; 우두머리);
在´上位(; 長)・精神之^所聚(소취)으로,
國家元首・將領(장령)・
宰相(재상; 總理[총리; 관리자]・
行政院長)・
董事長(동사장; 사장)・
理事長이 皆^是이다。

*董(감독할 동)

③ 天;
則^太空(;하늘)으로, 象은 高而遠이다。

④ 圓;
形之^完美하여 無缺者(무결자)이다。

*遠(멀 원)
*缺(이지러질 결)

⑤ 君(; 임금);
男性之^最尊貴者也로,
爲´萬物之^主이다。

⑥ 父;
一家之^主이며,
萬物之^始^也이다。

*尊(높을 존)
*始(처음 시)

⑦ 玉;
純粹(순수)하여 無瑕(무하)로,
象(; 나타나다)´德行이 完美之^君子이다。

*純(순수할 순)
*粹(순수할 수)
*瑕(티 하)

⑧ 金;
古代之^金은 指´銅(; 靑銅・黃銅)으로,
乃製´鼎(; 國之^重器)之^材料으로,

*製(지을 제)
*鼎(솥 정)
*器(그릇 기)

質이 堅硬(견경)・能´決斷(결단)하는,
貴重之^物也이다。

*堅(굳을 견)
*硬(굳을 경)
*決(결정할 결)

⑨ 寒(한)・⑩冰(빙);
〈乾〉卦는
乃´戌亥月(9~10월)之^位이고・
露結(노결; 결로)하여 爲´霜雪(상설)하고,

*寒(찰 한)
*冰(얼음 빙)=氷
*露(이슬 로)
*結(맺을 결)
*霜(서리 상)

⑪ 色은
潔白光明(결백광명)하고・

*潔(깨끗할 결)

⑫ 氣는
寒冷(한랭)하여,
象´人之^坦白無私(탄백무사; 솔직공평)也이다。

*寒(찰 한)
*冷(찰 랭{냉})
*坦(평평할 탄)
#垣(담 원)

⑬ 老馬(노마);
識途以智(식도이지; 길잡이)하여,
經驗이 豊富(풍부)이다。

*途(길 도)
*經(날 경)
*驗(증험할 험)

⑭ 瘠馬(척마);
骨骼(골격)과 肌肉(기육; 근육)이 發達하여,
能´耐(내; 참다)´負重(부중)이다。

⑮ 駁馬(박마);
力猛(역맹)하고, 有´衝勁(충경; 추진력)이다。

*瘠(뼈대 척)
*骼(뼈 격)
*肌(근육 기)
*耐(견딜 내)
*負(짐질 부)

⑯ 良馬(양마);
善行하고, 富實하고 行力이다。

*勁(굳셀 경)

⑰ 木果;
形은 圓而在上하고,

⑱ 因果;
天은 有´好生之^德이고,
積善行仁之^結晶(결정)也로,
爲´因果이다。

*積(쌓을 적)
*善(착할 선)
*晶(밝을 정)

《河圖》;

〈6白〉은 屬′〈㊌〉으로,

❶ 吉象 〈6〉

生旺得令에는

主′

(1) 文秀榜首(문수방수; 수석;16)・

(2) 才藝(재예;4)・

(3) 聰明(총명;1)이고;

❷ 凶象〈6〉

剋煞失令에는

主′

(1) 淫佚(음일)・

(2) 孀寡(상부; 청상과부)・

(3) 溺水(익수)・

(4) 漂蕩(표탕)이다。

《洛書》에서

〈6白〉은 屬′〈㊎〉으로,

❶ 吉象〈6〉

生旺得令에는 主′

(1) 威權震世(권위진세)・

(2) 武職勳貴(무직훈귀)・

(3) 巨富多丁(거부다정)이고;

❷ 凶象〈6〉

剋煞失令에는 主′

(1) 刑妻(형처)・

(2) 孤獨(고독)・

(3) 寡母守家(과모수가)이다。

*榜(공고문 방)
*才(재주 재)
*藝(심을 예)
*聰(밝을 총)

*淫(음란할 음)
*佚(방종할 일)
*孀(서리 상)
*寡(과부 과)
*溺(빠질 닉)
*漂(떠돌 표)
*蕩(방탕할 탕)

*屬(속할 속)

*威(위엄 위)
*震(진동할 진)=振
*勳(공 훈)

*孤(외로울 고)
*獨(홀로 독)
*寡(과부 과)
*守(지킬 수)

【-7赤兌㊎ ☱澤】

*澤(못 택)

〈兌〉의 名이 '澤'이란 者은,
以^〈☵坎㊌〉의 寒(한)이 下流하여,
聚匯(취회)하여 成´池湖(지호)^也이다。

*寒(찰 한)
*聚(모일 취)
*匯(물 합할 회)
*池(못 지)
*湖(호수 호)

古代에는
造´士(; 武士)於^澤宮(택궁; 무관등용장소)이었고,
建´學於^泮水(반수; 학교)하였으므로,
有´
同窗之^誼(동창지의)·
朋友講習(붕우학습)之^義이다。

*泮(학교 반)
*窗(창 창)=窓
*誼(친선 의)
*朋(벗 붕)
*講(익힐 강)

〈☰乾〉之^上爻가 破開(파개)는,
金玉이 毁折(훼절)하여 而^有´聲(;3)^也이므로,
象은 口이다。
〈兌〉는
从八·从口·从人(;八+口+人;사람의 입이 나누어지면 말이나 웃음이 됨)하므로,
言´說^也인데;
說은 通(; 通用)´悅(열; 기쁨)이다。

*从=從(좇을 종)
*破(깨뜨릴 파)
*毁(헐 훼)
*悅(기쁠 열)

陰은 悅(열)´於(어; 보다)^陽也이고。
剛(강)´於^中(; 중간)이고 而柔´於^外하고,
亦^通´銳(; 金+兌)이므로;
節(; 節氣)은 配´秋이고,
有´肅殺之氣(숙살지기)이다。

*悅(기쁠 열)
*剛(굳셀 강)
*柔(부드러울 유)
*銳(날카로울 예)
*肅(엄숙할 숙)

〈7赤〉은 在^北斗(; 북두칠성)인데,
名은 瑤光(요광; Alkaid[알카이드];북두칠성의 제7성))

*瑤(아름다운옥 요)
*凝(엉길 응)
*魒(북두칠성 표)
*奴(종 노)

이고,

古名은「凝華好化(응화호화)・
天衡破軍關星(천형파군관성)」(黲[표])으로,
爲´「部星」・「應星」이고,
爲´夫妻(; 夫婦)・子女・奴僕(노복)之^主이고,
化氣하여
爲´殺(살)・爲´秏(모; 소모)이고,
爲´禍福(화복)이다。

*僕(시중꾼 복)
*秏(줄 모)

《飛星賦》 [原註]에 云하기를 ;
「〈7〉은 爲´刑이고,
有´除惡之象(제악지상)인,
故^
爲´醫(의; 執刀醫[집도의])이다。」

*除(제거할 제)
*範(법 범)
#執(잡을 집)

《洪範(홍범)》 ;
『〈7〉은 稽疑(계의; 의심나는 사안을 연구)인,
故^爲´卜(복)이다。』;
『〈7〉은 乃´西方〈㊎〉인,
故^ 爲´屠(도; 도축)이고;
又^爲´口舌(구설; 입과 혀)인,
故^ 爲´沽(고; 정육점)^也이다。』;
『〈兌〉는
爲´少女이고・爲´賤妾(천첩)이다。』;
『〈7赤〉은 爲´先天으로는 ㊋數이다。』;
『〈兌〉는 爲´喉舌(후설)이다。』;
『〈澤〉의 性은 注´下이다。』;
『 爲´毁折(훼절)이다。』

*洪(큰물 홍)
*範(법 범)

*稽(따질 계)
*疑(의심 의)

*卜(점 복)
*屠(잡을 도)
#屠畜(도축)
*沽(팔 고)
*賤(천할 천)
*喉(목구멍 후)
*注(쏟을 주)

*毁(헐 훼)
*折(꺾을 절)

【+8白艮㊏ ☶山】

《說卦傳(설괘전)》;
『〈艮(8)〉은 以^止之이다』;
『終´萬物이고 · 始´萬物하는 者으로,
莫^盛´乎^〈艮〉이다。』;
『〈艮(8)〉은
爲´山이고,
爲´徑路(경로)이고,
爲´小石이고,
爲´門闕(문궐)이고,
爲´果蓏(과라)이고,
爲´閽寺(혼사)이고,
爲´指(; 발가락, 손가락)이고,
爲´狗(구; 개)이고,
爲´鼠(서; 쥐)이고,
爲´黔喙之屬(검훼지속)이고,
其는 爲´木^也이며
爲´堅多節(견다절)이다。』

*終(끝날 종)
*始(처음 시)
*莫(없을 막)
*盛(담을 성)
*徑(지름길 경)
*路(길 로)
*闕(대궐 궐)
*果(나무열매 과)
*蓏(풀열매 라)
*閽(문지기 혼)
*寺(절 사)
*狗(개 구)
*鼠(쥐 서)
*黔(검을 검)
*喙(부리 훼)
*堅(굳을 견)

[최주]
鼠(서; 쥐)는 12支중에 子에 속하지만
〈艮☶〉의 上爻가 陽이므로 머리나 치아가 단단한
동물이 해당되므로 鼠(서), 虎(호)가 된다。

*鼠(쥐 서)
*虎(범 호)

【鐘新解】
從^《說卦傳》에서 所擧(소거)的^
〈艮〉卦의 意象는,
可^歸納(귀납)出´〈八卦〉的^槪念(개념)하면;
爲´
靜態(정태)·

*歸(돌아갈 귀)
*恒(항상 항)
*蒙(입을 몽)
*昧(새벽 매)
*幼(어릴 유)
*稚(어릴 치)
*輪(바퀴 륜)

恒定(항정)·
蒙昧(몽매)·
幼稚(유치)·
因果輪廻(인과윤회)·
限制(한제)·
障礙(장애)·
極限(극한)·
知止이다。

*廻(돌 회)
*慈(사랑할 자)
*祥(상서로울 상)
#仔詳(자상)
*文(무늬 문)

《流年九星斷(유년구성단)》;
『〈艮〉은 得´8數이고,
其^色은 白이고,
其^行(; 五行)은 〈㊏〉이다。

❶ 吉象〈8〉
生旺인 則^
(1) 富貴功名(부귀공명)이고,
❷ 凶象〈8〉
剋煞인 則^
(1) 小口(소구; 미성년자)가 損傷(손상)이다。
性은 本^慈祥(자상; 2)하여,
能^化´凶神하여 反^歸´吉曜인,
故^
與^〈1〉〈6〉하여 皆^歸´吉論인데,
並^稱(칭)
'三白(; 1白, 6白, 8白)' 이다。』

*慈(사랑할 자)
*祥(상서로울 상)
*歸(돌아갈 귀)
*稱(일컬을 칭)

【鐘按】
〈8白〉은
能^化´〈5黃〉之^文(; 모양)이고,
在^上中下元에

皆^爲′輔星(보성)인,
故^ 稱′「善曜(선요)」인데;

*輔(덧방나무 보)
*稱(일컬을 칭)

[최주]

1~9運別 衰旺表

氣＼運		退氣	吉氣			凶氣			補佐氣	統星
			旺氣	生氣	進氣	衰氣	死氣	殺氣		
			大吉	吉	平	小凶	大凶	大凶		
上元	1運	9	**1**	2	3.4	7	6	5.7	⑧	1
	2運	1	**2**	3	4	9	6	5.7	⑧	1
	3運	2	**3**	4	5	1	6	7.9	⑧	1
中元	4運	3	**4**	5	6	2	⑧	7.9	1.⑧	6
	5運	4	**5**	6	7	3	2	9	1.⑧	6
	6運	5	**6**	7	⑧	4	9	2.3	1.⑧	6
下元	7運	6	**7**	⑧	9	5	4	2.3	1	8
	8運	7	⑧	9	1	6	2	3.4.5	1	8
	9運	⑧	**9**	1	2	7	6	3.4.5	1	8

❶ 吉象〈8〉

當(;~되다)′其得令·生旺之^時에는,
主′
(1) 孝義忠良(효의충량)·
(2) 當^富貴壽考(부귀수고)이고,
(3) 小房(소방; 三男)이 福洪(복홍)이다。

*良(좋을 량)
*考(상고할 고)
*房(방 방)
*洪(클 홍)

❷ 凶象〈8〉

當′其^失令之^時이며,
怕(파; 두렵다)/
逢′〈3碧〉·〈4綠〉之^剋하여,
主′
(1) 小口가 殞生(운생; 사망)·

*怕(두려워할 파)
*逢(만날 봉)

(2) 瘟病(온병; 전염병)·

(3) 臌脹(고창)이다。

*瘟(염병 온)
*臌(부풀 고)
#膨(부풀 팽)
*脹(배부를 창)

【-9紫離㊋ ☲火】

《序卦傳(서괘전)》；

『(〈坎〉者는 陷^也이니)
陷(함; 빠짐)은 必^有´所^麗(여; 들어 올림)인,
故^
受´之^以하여 離이다。
〈離〉者는, 麗也이다。』

*陷(빠질 함)
*麗(고울 려)

〈離〉卦는
是/繼´〈坎〉卦之^後的^卦이다。
麗인, 卽^
依附(의부)·
附著(부저; 附着)인데,
火는 必^附著´於^物而^後에 有´形也이다。

*依(의지할 의)
*附(붙을 부)
*著(분명할 저)

'朱駿聲(주준성)' 의
《六十四卦經解》；
『〈離〉는,
倉庚(창경; 꾀꼬리)也이다;
或^曰´南方의 朱鳥(주조)인데,
象은 〈離〉之^位이다。
古에 又^作´ 离(=禽; 들짐승)고,
山神^也이고, 獸形(수형)이다。』는
乃´顯現(현현)´於^外表之美^也
(〈離〉卦는
外는 陽爻이고
內는 陰爻[☲]) 이다。
火·化也이다。

*駿(준마 준)
*倉庚=鶬鶊
#鶬(꾀꼬리 창)
#鶊(꾀꼬리 경)
*离=離

❶ 吉象〈9〉

用´之^於^正(정)인, 則^

(1) 爲´進化(진화; 발전)이고,

(2) 爲´文明之母이다。

❷ 凶象〈9〉

用´之^於^偏(편)인, 則^

(1) 爲´燬(훼)로,

能^燬滅(훼멸)´萬物이다。

*偏(치우칠 편)
*燬(불태울 훼)
#毁(헐 훼)
*滅(멸망할 멸)

《流年九星斷》에 云하기를 ;

『〈離宮9紫〉의,

星名은 右弼(우필)이고,

行은 屬´〈㊋〉이고,

性은 最躁(최조)이다。

*弼(도울 필)
*躁(성급할 조)

❶ 吉象〈9〉

吉者가 遇´之하면,

立刻(입각; 즉시)´發福하고;

❷ 凶象〈9〉

凶者가 値(치; 만나다)´之하면,

勃然(발연; 갑자기)에 大禍이다。

*遇(만날 우)
*躁(성급할 조)

*刻(새길 각)
*値(값 치)
*勃(갑자기 발)
*禍(재화 화)

故^

術家(술가)는 以爲(; 여기다)´

趕煞催貴(간살최귀; 速發速敗)之^神이다。

但^

以^〈㊋〉는 性이 剛(강;7)하여,

不能^容(; 허용)´邪(사)이므로,

宜이면 吉하고 不宜(불의)에 凶한,

故^曰´‘紫白(자백)’並^稱(칭)한다。』

*術(꾀 술)
*趕(쫓을 간)
*煞(죽일 살)
*催(재촉할 최)
*容(허용할 용)
*邪(간사할 사)

〈㊋〉는

能^利(이; 이롭다)´物하고 亦^

能^燬(훼)´物이고,

能^養´人하고 亦^

能^殺´人이므로,

取用하는데 最^要^謹愼(근신)하고,

必須^

與^〈1白㊌〉하여 調和(조화)로 相濟(상제)하고,

形勢는

宜´平和하고 忌´險峻(험준)이다。

*燬(불 훼)
*養(기를 양)

*謹(삼갈 근)
*愼(삼갈 신)
*濟(도울 제)
*忌(꺼릴 기)
*險(험할 험)
*峻(높을 준)

제 2부

숫자조합 해석

1. 〈 -2㊏ 〉🡐〈 +3㊍ 〉; 붕괴, 투우살(鬪牛殺)

*鬪(싸움 투)
*試(시험할 시)
*復(돌아올 복)
*壁(벽 벽)
*揕(찌를 침)

試看(시간)
復壁揕身(복벽침신) 。

경험에 의하면,
복괘(復卦; 지뢰복괘; 〈23〉)는 담장이 무너져
신체를 덮친다.

[鐘註]

「復壁揕身(복벽침신)」 이란,
〈2〉는 爲´〈坤〉 이고,
〈3〉은 爲´〈震〉 이다.
〈2坤㊏〉은 牆壁(장벽; 담장)이고,
〈3震㊍〉은 振動(진동)이다.
土(; 흙)가 振而崩(진이붕)이다.

*試(시험할 시)
*復(돌아올 복)
*壁(벽 벽)
*揕(찌를 침)
*牆(담 장)
*壁(벽 벽)
*振(떨칠 진)
*崩(무너질 붕)

「揕(감)」의
音(; 중국발음)은 振(zhèn)이고,
擊(격)이나 或^刺(자)也이다.
主´
(1) 牆(장; 담벽)이 倒擊(도격; 무너져 덮치다)´人이거나,
(2) 山이 崩(붕; 붕괴)하여 飛石(비석)이
擊(격)´人하여 而^亡(; 사망)이다.

*振(떨칠 진)
*擊(부딪칠 격)
*刺(찌를 자)
*牆(담 장)
*倒(넘어질 도)
*崩(무너질 붕)

【鐘新解】

〈3碧㊍🡒〉은 自^下而上하여
剋´〈㊏〉하므로, 土가 崩(붕)이다。
「揕(침)」이란,
音과 振(진)으로, 擊(격)也이고 刺(자)也이다。

*崩(무너질 붕)
*擊(부딪칠 격)
*刺(찌를 자)
*棒(몽둥이 봉)

〈坤(2)〉은 爲´牛이고.
〈震(3)〉은 爲´棒(봉; 몽둥이)인데,
以^棒으로 擊(격)´牛(; 소)한
故^曰´「鬪(투)」이다。

《易象(역상)》에 曰하기를;
『雷은 在´地中으로,
復(; 지뢰복)이다。
先王은
以^至日(지일; 하지)하여 閉關(폐관)하므로,
商旅(상여; 사람들)는 不行하고,
后는 不省´方이다。』
'復(;지뢰복괘)' 은
爲´冬至卦(; 子;0도)이고,
閉關(폐관)之^時이므로,
商旅(상여; 백성)도 不行이고,
君王도 亦^不´巡視(순시)´四方이고,
入室하여 以^息으로,
有´桎梏之意(질곡지의)이다。
由^上하여
述(술)´觀之하여,
〈 32 〉가 相逢(상봉)이면,
主/
被´落磐(낙반; 암반이 떨어짐)하고.
(1) 房屋(방옥)이 倒塌(도탑; 무너지다)하여
壓傷이나;
(2) 遭´木棒(목봉)·木棍(목곤)으로
擊打(격타)이고.
(3) 犯法으로
判刑(판형; 폭력죄로 服役)이다。

*閉(닫을 폐)
*關(빗장 관)
*旅(군사 려)
*省(살필 성)

*巡(돌 순)
*息(숨쉴 식)
*桎(칼 질)
*梏(쇠고랑 곡)

*述(설명할 술)
*磐(너럭바위 반)
*倒(넘어질 도)
*塌(떨어질 탑)
*壓(누를 압)
*傷(상처 상)
#服(맡을 복)
#役(부릴 역)

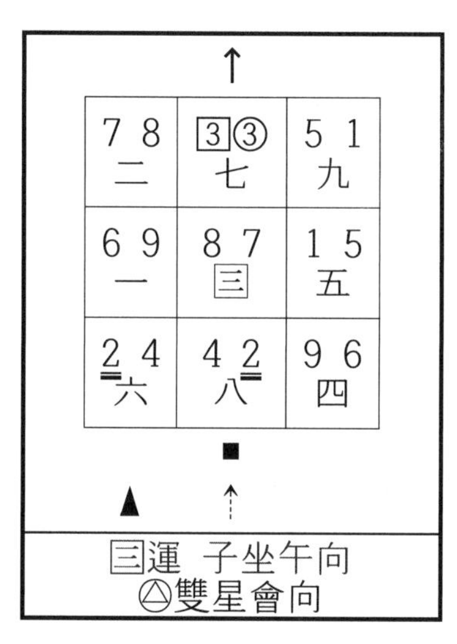

三運 子坐午向
△雙星會向

三運에
〈坤2〉는
爲´退氣인데,
若^
見´該方에
龍·水이 直來인
卽^應´之이다。

*該(그 해)

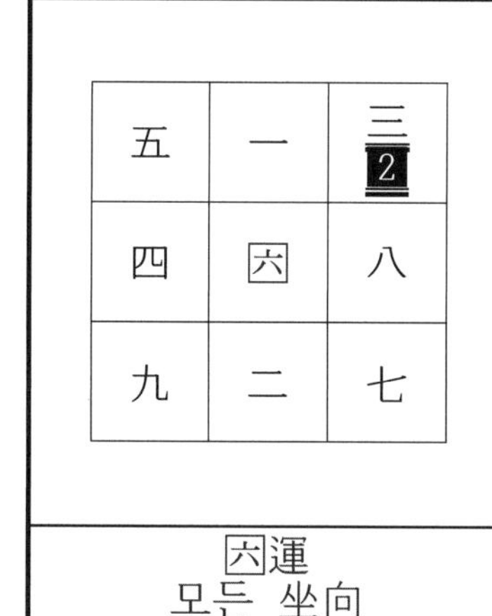

六運
모든 坐向

六運에
天盤(; 運盤)之^三이
臨´於^坤(2)이며,
若^
用´起星替卦하여도
亦^爲´「雷出地(32)」
이다。

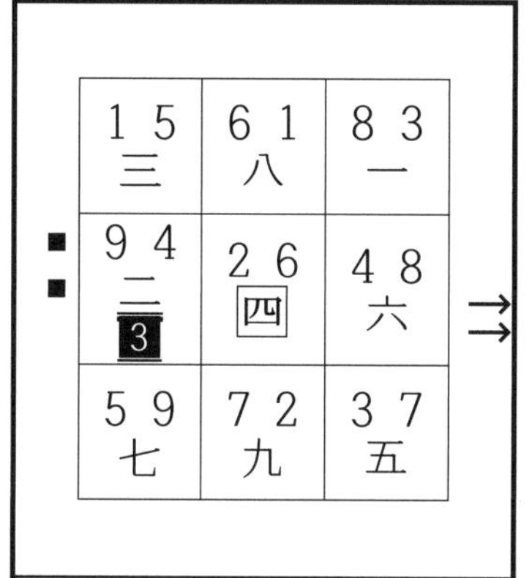

四運
卯坐·乙坐(下卦)

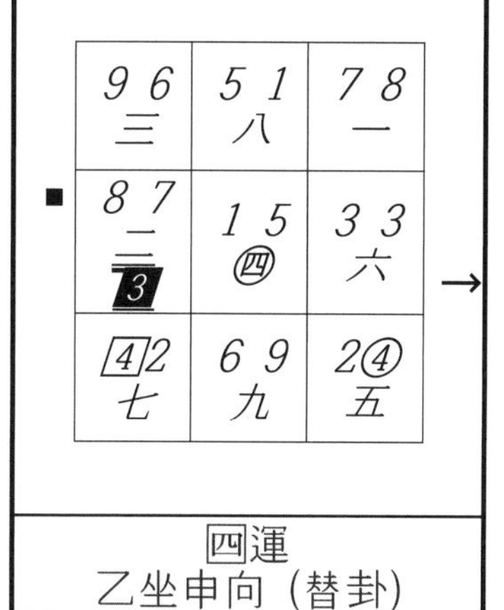

四運
乙坐申向 (替卦)

四運에, 天盤之^二가 臨´震(;3)인데,

若^用´
卯山·乙山^下卦^及^
乙山^起星替卦(;기성체괘)도
同한 論이다。

【鐘新解】

三運에, 龍·路·水가
自^挨星〈2(;退氣)〉之^方에서
直硬(직경; 路衝, 槍殺)으로 而^來는,
主´
刑獄之災(형옥지재)이다。

*挨(밀칠 애)
*硬(굳을 경)
#槍(창 창)
*刑(형벌 형)
*獄(감옥 옥)
*災(재앙 재)

'章仲山(장중산; 清朝 중기에 현공풍수의 대가)'
註에 云하기를;
「〈震(3)〉이 若^交´〈坤(2)〉이고,
或^相衝相射(상충상사; 형기상의 충사)이고,
年(; 年紫白)에 逢´〈3碧〉이면,
桎梏(질곡)에서 難逃(난도; 벗어나지 못함)이다。」
此는 當^指´四에서 至´九運에
挨星이〈32〉之^方이고,
有´山水가 直衝射脅(직충사협)者인 而^言이다。

*章(글 장)
*仲(버금 중)
*衝(찌를 충)
*射(쏠사)
*桎(차꼬 질)
*梏(쇠고랑 곡)
*難(어려울 난)
*逃(달아날 도)

*衝(찌를 충)
*脅(옆구리 협)

〈豫(; 뇌지예괘;32)〉는,
兼(겸)´
'屯(; 수뢰둔괘;13)'之^建侯(건후)로,
'謙(; 지산겸괘;28)'之^行師(행사)인데;
建侯(;제후를 임명)하여 所以^興´利로,
行師(;장군을 임명)하야 所以^除´害(해)이므로,
此는
民之所樂(;백성이 즐거워함)也이다。

*兼(겸할 겸)
*屯(진칠 둔)
*謙(겸손할 겸)
*侯(제후 후)
*師(군대 사)
*除(제거할 제)
*害(해칠 해)

❶ 吉象 〈32〉

得令에는, 善´於^治國安民(치국안민)이고,

❷ 凶象 〈32〉

失令인 則^ 爲´勞民傷財(노민상재)이다。

(1) 凡事에 豫(; 뇌지예괘)인 則^ 立이지만,

(2) 不에는 豫(; 뇌지예괘)인 則^ 廢(폐)로;

生´於^憂患(우환)이고,

死´於^安樂(안락)也이다。

*治(다스릴 치)
*勞(일할 로)
*傷(상처 상)

*廢(폐할 폐)
*憂(근심할 우)
*患(근심 환)
*安(편안할 안)
*樂(즐길 락)

故^ 〈32〉 가

❶ 吉象 〈32〉

得令과 合局에는

主/出´

(1) 優秀(우수)之^政治家(정치가)·地方官(지방관)·

(2) 建築師(건축사; 立)·

(3) 營造商(영조상; 건축가; 立)·

(4) 設計師(설계사; 立)이다。

*築(쌓을 축)
*營造=건축
*商(헤아릴 상)

❷ 凶象 〈32〉

失令과 上山下水에는

主´

(1) 胃腸脾臟(위장비장;2)之^病·

(2) 犯法으로 受刑(;3,7)·雷殛(뇌극; 벼락사망;39)·

(3) 棒打(봉타;32)·蛇咬(사교;4)·蜂螫(봉석;8)·

(4) 勒死(늑사;32)·綁架(방가; 납치;3)·

(5) 地震災害(지진재해;32)·

(6)耽於逸樂(탐어일락;41)·

(7) 逆子打母(역자타모; 모자갈등;32)이다。

*胃(밥통 위)
*脾(지라 비)

*殛(죽일 극)
*螫(쏠 석)
*勒(굴레 륵)
*綁(동여맬 방)
*架(싸울 가)
*耽(즐길 탐)
*逸(안일할 일)
*逆(거스를 역)
*打(칠 타)

[최주]五行과 오장육부(五臟六腑)

五行	天干	육부(六腑)	오장(五臟)
㊍	+甲	담(膽;쓸개)	
	-乙		간장(肝臟;애)
㊋	+丙	소장(小腸), 삼초(三焦)	
	-丁		심장(心臟;염통)
㊏	+戊	위장(胃腸)	
	-己		비장(脾臟;지라)
㊎	+庚	대장(大腸)	
	-辛		폐장(肺臟;허파)
㊌	+壬	방광(膀胱;오줌통)	
	-癸		신장(腎臟;콩팥)

*臟(오장 장)
*腑(장부 부)

2. 〈 +3㊍ 〉 ← 〈 +6㊎ 〉; 교통사고, 穿心殺(천심살)

*穿(뚫을 천)

壯途躓足
(장도지족) 。

*途(길 도)
*躓(넘어질 지)

壯(장; 뇌천대장[雷天大壯; 〈36〉]괘)는
교통사고 난다.

[鐘註]

「壯途躓足(장도지족)」이란,
〈3震〉에 配´〈6乾〉은
為´ '雷天大壯(뇌천대장)' 이다.
〈震☳〉은 為´脚(각; 다리)이고
〈乾☰〉은 為´運行으로,
〈3震〉은 屬´〈㊍〉이고,
〈6乾〉은 屬´〈㊎〉으로,
〈㊍〉이 被(피; 당하다)´〈←㊎〉剋이므로,
(1) 在(; 에서)^古代에
主´騎馬(기마)가 捽倒(솔도; 넘어지다)하여 斷足인데,
(2) 在^現代에서는
主/出´車禍(차화; 교통사고)하여 斷足인데,
長子가 當之(; 이렇게 되다)인데;
因(인; 왜나하면)^〈3震〉은 為´長男也이다.

*配(짝 배)
*脚(다리 각)
*屬(엮을 속)
*被(당할 피)
*騎(말 탈 기)
*捽(넘어질 솔)
*倒(넘어질 도)
*斷(끊을 단)
*當(~되다 당)

【鐘新解】

〈3碧震〉은,
陽이 動´於^下(; 震3☳)하는, 象은 足이고,
其^先天인 〈艮〉은,
陽이 動´於^上(; 艮8☶)하는,
象은 手이다。

*足(발 족)
*手(손 수)

4巽	9離	2坤
3震		7兌
8艮	1坎	6乾
後天八卦		

兌④	乾⑨	巽②
離③		坎⑦
震⑧	坤①	艮⑥
先天八卦		

❶ 凶象〈3b〉

若^失令에는 主´手脚殘傷(수각잔상)이다。
如´九運에 艮山坤向·寅山申向·
未山丑向·向上에
見´水이면, 皆^主´之이다。

*脚(다리 각)
*殘(해칠 잔)
*傷(상처 상)
*皆(다 개)

4 5 八	8 1 四	6 3 六
5 4 七	-3+6 九	1 ⑧ 二
9 ⑨ 三	7 2 五	2 7 一

水 ↗ (upper right)

九運 艮山坤向 ▲
九運 寅山申向 ▲

7 2 八	2 7 四	9 ⑨ 六
8 1 七	-6+3 九	4 5 二
3 6 三	1 ⑧ 五	5 4 一

↙ 水 (lower left)

九運 未山丑向 ◎

抽爻(추효)가
變出´☳☰(뇌천대장;3b)·☰☳(천뢰무망;b3)인데,
(1) 主傷´長子(;3)·
(2) 父子不睦(부자불목;b3)·
(3) 手脚殘傷(수각잔상;3)·
(4) 橫死(;3,9)·

*抽(뺄 추)
*爻(효 효)
*睦(화목할 목)
*脚(다리 각)
*殘(해칠 잔)
*橫(가로 횡)

(5) 刑殺(;3,7)이다。

❶ 吉象〈3b〉

若^得運인, 則^

〈3碧震〉은

為´車·

為´諸侯(제후)이고;

*諸(모든 제)
*侯(후작 후)

〈b白乾〉은

為´權貴官星(권귀관성)이고·

為´遠(원)이고·

為´高(고)이다。

*遠(멀 원)

反(; 한편으로는)^

主出´

(1) 地方首長(지방수장; 도지사)·

(2) 總幹事(총간사)이다。

(3) 子는 承´父業(부업)하여 而^光大이고·

(4) 名(; 명예)은 震(; 振)´遐邇(하이; 遠近)이다。

*首(머리 수)
*總(거느릴 총)
*幹(줄기 간)
*承(받들 승)
*遐(멀 하)
*邇(가까울 이)

❷ 凶象〈3b〉

〈b白乾㊎〉은

為´首(수; 머리)이고,

〈3碧震㊍〉은

為´鳴(명)이고,

為´聲(성)이다。

*鳴(울 명)

〈㊎㊍〉이 相剋이면,

主´

(1) 肝陽이 亢升(항승)之^病이다。

(2) 頭痛(두통)之^因(인; 원인)은

有´百餘種(백여종)인데,

係´因^

(2-1) 腦表面(뇌표면)之^髓膜(수막),이나

*肝(간 간)
*亢(오를 항)
*升(오를 승)
*髓(골수 수)
*膜(막 막)
*顱(머리뼈 로)
*肌(살 기)
*皮(가죽 피)
*膚(살갗 부)

(2-2) 頭顱表面(두로표면; 표면)之^肌肉(기육; 살)·

(2-3) 皮膚(피부)^與^神經疼痛(신경동통)^而^引起(인기; 일으키다)이다。

*疼(아플 동)
*痛(아플 통)
*引(끌 인)
*起(일어날 기)

常^見´病因은

(1) 爲´感冒(감모; 감기)·
(2) 流行性感冒(유행성감모)·
(3) 急性扁桃腺炎(급성편도선염)·
(4) 腦脊髓膜炎(뇌척수막염)·
(5) 日本腦炎(일본뇌염)·
(6) 中耳炎(중이염)·
(7) 鼻竇炎(; 콧구멍 염증)·
(8) 蛀牙(주아; 충치)·
(9) 青光眼(; 녹내장)·
(10) 腺樣增殖(선양증식)·
(11) 腎臟病(신장병)·
(12) 高血壓(고혈압)^與^動脈硬化症(동맥경화증)·
(13) 低血壓(저혈압)·
(14) 貧血(빈혈)·
(15) 腦腫瘍(뇌종양)·
(16) 腦軟化症(뇌연화증)·
(17) 蜘蛛網膜(지주망막)下出血·
(18) 腦溢血(뇌일혈)·
(19) 偏頭痛(편두통)·
(20) 神經症(신경증)·
(21) 便閉(변폐; 변비)·
(22) 生理因素(생리인소)·
(23) 眼鏡配置(안경배치)의

*冒(무릅쓸 모)
*扁(넓적할 편)
*桃(복숭아 도)
*脊(등성마루 척)
*髓(골수 수)
*膜(막 막)
*炎(불탈 염)
*鼻(코 비)
*竇(구멍 두)
*蛀(나무좀 주)
*樣(모양 양)
*增(불을 증)
*殖(번성할 식)

*臟(오장 장)
*壓(누를 압)
*硬(굳을 경)

*軟(연할 연)
*蜘(거미 지)
*蛛(거미 주)
*網(그물 망)
*膜(막 막)
*腦(뇌 뇌)
*溢(넘칠 일)
*偏(치우칠 편)
*頭(머리 두)
*痛(아플 통)

*便(똥 변)
*閉(닫을 폐)
*素(바탕 소)
*境(지경 경)

不當^等이다。

*配(아내 배)
*置(둘 치)

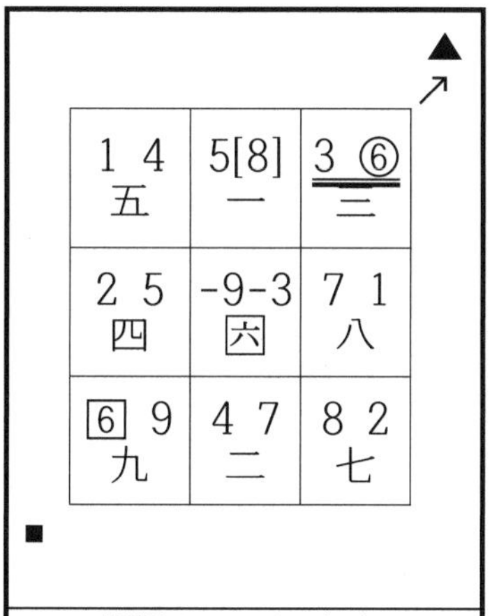

1 4 五	5[8] 一	3 ⑥ 三
2 5 四	-9-3 六	7 1 八
6 9 九	4 7 二	8 2 七

六運 艮山坤向
△旺山旺向

六運에
艮山坤向에서,
向上에 無水이며,
有´
尖銳山脚(첨예산각)者이면,

*尖(뾰족할 첨)
*銳(날카로울 예)
*脚(다리 각)
*禍(재난 화)
*傷(상처 상)
*連(잇닿을 련)
*累(묶을 루)
*夭(어릴 요)
*折(꺾을 절)

主´

(1) 肝膽胃病(간담위병)으로 開刀手術(개도수술)·
(2) 車禍(차화)·
(3) 手足之傷(수족지상)·
(4) 頭痛(두통)·
(5) 官司刑獄(관사형옥)·
(6) 子는 被^父에게 連累(연루)·
(7) 男子夭折(남자요절)이다。

*肝(간 간)
*膽(쓸개 담)

*官(벼슬 관)
*司(맡을 사)
*刑(형벌 형)
*獄(옥 옥)
*連(잇닿을 련)
*累(묶을 루)
*夭(어릴 요)
*折(꺾을 절)

3. 〈 +6㊎ 〉 ← 〈 -9㊋ 〉; 정력왕성

同人車馬馳驅 (동인 거마치구) ㅇ

*馳(달릴 치)
*驅(달릴 구)

동인(; 天火同人[;69])은 말이 쉬지 않고 달린다.

[鐘註]

〈ь白乾㊎〉은

為´車馬(거마)·遠行(원행)·運動이고,

〈ㅁ紫離㊋➔〉가 剋´〈乾㊎〉이므로,

主´

「同人(동인)은 車馬馳驅(차마치구)」이고,

奔跑(분포; 달림)하여 不停(부정; 쉬지 않음)也이다.

*遠(멀 원)
*馳(달릴 치)
*驅(몰 구)
*奔(달릴 분)
*跑(허빌 포)
*停(머무를 정)

㊍ 鷄(계); 닭	㊋ 雉(치); 꿩	㊏ 牛(우;) 소
㊍ 龍(용); 용		㊎ 羊(양); 양
㊏ 犬(견); 개	㊌ 豚(돈); 돼지	㊎ 馬(마); 말

八卦와 動物

【鐘新解】

《飛星賦》의 [原註]에 云하기를;

「〈乾(ь)〉은

為´馬·為´遠·為´行人(; 나그네)으로,

〈離日(ㅁ)〉이 剋´之한,

*遠(멀 원)

故^ 有´此象이다。」

此는 言´
「車馬馳驅(거마치구)」者는,
蓋^
形勢가 雖^平穩(평온)하고,
然^當令元之^時인, 故^有´此應이다。

*馳(달릴 치)
*驅(몰 구)
*穩(평온할 온)

❶ 吉象〈69〉
又^云하기를 ;
「〈96〉之^會가, 得令者는,
如^《玄空秘旨》에 所云은
『〈丁丙9〉이 朝(; 만나다)´〈乾6〉은,
貴客(귀객)^而^有´耆耄之壽(기모지수)이다。』;

*耆(늙은이 기)
*耄(늙은이 모)

❷ 凶象〈69〉
失令時는,
如《玄機賦(현기부)》에 所^云´
『火照天門(96)은,
必^當^吐血(토혈)이다』;

*玄(검을 현)
*機(틀 기)
*賦(문장 부)
*照(비출 조)
*吐(토할 토)

得令이고 而^形局이 有´不善者는,
如^《玄空秘旨》에 所云은
『〈㊋9➔〉이 燒(소; 相剋)´〈天6〉은 而^
張牙相鬪(장아상투; 形氣凶象)하여,
家에 生´罵父之兒(매부지아; 불효자)이다。』。

*燒(사를 소)
*張(크게할 장)
*牙(어금니 아)
*相(서로 상)
*鬪(싸움 투)
*罵(욕할 매)
*兒(아이 아)

玄空之^理는,
須(수)^以^活潑潑(활발발)하게
妙用하여 斷´之하여,
「血症(혈증)」은

*潑(뿌릴 발)
*固(오로지 고)
*限(한계 한)

固(고; 정말로)^
不限(불한)´於^長房(장방; 큰 아들)이고,
若^失令時에는,
房房(방방; 형제 모두)이 如´此也이다。
〈79〉 之^會는, 本^凶이다。』

【鐘新解】

〈6白㊎〉 · 〈7赤㊎〉 이 被(피: 당하다)´
〈←9紫㊋〉 剋이면,
多^主´
肺癆咳血(폐로해혈; 폐결핵으로 가래와 피를 토함) ·
腸風下血(장풍하혈)之^症이다。
〈-9-7〉 之^會는 尤(우; 더욱)^凶인데,
因(인; 왜냐하면)
〈9紫〉는 爲´後天으로 〈㊋〉 數이고,
〈7赤〉은 爲´先天으로 〈㊋〉 數으로,
性이 猛烈(맹렬)하여,

*癆(중독 로)
*癆(폐결핵 로)
*咳(기침 해)
*血(피 혈)

*腸(창자 장)
#腑(장부 부)
*尤(더욱 우)

*猛(사나울 맹)
*烈(매울 렬)

《紫白訣》에 云하기를 ;
『〈97〉 가 合轍(합철; 穿途[천도])이면,
常^招´回祿之災(회록지재; 화재)이다。』
『旺宮에 單^遇(우)이면, 動하여야
始(; 비로소)^爲´殃(앙; 재앙)인데;
煞處(살처)에 重逢(중봉)이면,
靜하여도 亦^肆虐(사학)이다。』

*轍(바퀴 자국 철)
*穿(뚫을 천)
*途(길 도)
*招(부를 초)
*回(돌 회)
*祿(복 록)
*遇(만날 우)
*殃(재앙 앙)
*煞(죽일 살)=殺
*逢(만날 봉)
*肆(방자할 사)
*虐(사나울 학)

若^失令之^時에,
〈97〉 宮位에 逢(봉)´
〈5黃〉 이나 〈戊己都天(;5)〉 이 飛臨(비림)하면,
主´火災(화재)이다。

*逢(만날 봉)
*臨(임할 림)

挨星(애성) 〈96〉 은,
〈㊋〉 는 剋´ 〈㊎〉 인데,
若^
安´爐灶(노조)이거나, 或^上山下水이면,
主´
出´逆子剋父(역자극부; 불효자)이다。

*爐(화로 로)
*灶(부엌 조)
*逆(거스를 역)

❶ 凶象 〈96〉
亦^於^失令時에는,
出´逆子(역자; 불효자)·吐血(토혈)·中風이다。

*逆(거스를 역)
*吐(토할 토)

❷ 吉象 〈96〉
然^ 〈離(9)〉 · 〈乾(6)〉 은
乃´先後天이 相見하므로,
若^當元得令인,
則^又^爲´
「〈丁丙(9)〉 이 朝´ 〈乾(6)〉 은,
貴客이며 而
有´耄耋之壽(모질지수; 수명장수)이다」^矣이다。

*耄(늙은이 모)
*耋(늙은이 질)
*壽(목숨 수)

■

5 4 八	9⑨ 四	7 2 六
6 3 七	-4+5 九	2 7 二
1 8 三	81· 五	3 6 一

㊌↓ ㊌ ㊌

九運 丙山壬向
兼巳亥 三分

如^九運
丙山壬向에
兼´巳亥三分인데,
收´丙兼午이고·
午兼丙之^來龍·
乾兼亥·
亥兼乾·
亥兼壬之^水이면,
主´富貴福壽이다。

4. 〈 -4㊍ 〉 🡐 〈 +6㊎ 〉; 헛고생

小畜(소축) 差徭勞碌(차요노록) °

*差(어긋날 차)
*徭(부역 요)
*勞(일할 로)
*碌(자갈땅 록)

풍천소축(; 風天小畜;46)은, 자갈땅에서 노동(勞動)으로 고생한다.

[鐘註]

〈4巽㊍〉은

爲´命令(명령)・文書(; 2)이고,

〈6乾㊎〉은

爲´上司(상사)・大人(; 상관, 귀인)이다.

〈㊍〉이 被(피; 당하다)´〈🡐㊎〉剋인,

故^

「小畜(소축〈64〉) 差徭勞碌(차요노록)」인데,

主/

受´他人에게 差使(차사; 귀양, 좌천)而^勞碌(노록; 고생)也이다.

*命(명령 명)
*令(영 령)
*司(맡을 사)

*被(당할 피)
*差(어긋날 차)
*使(하여금 사)
*勞(일할 로)
*碌(자갈땅 록)

【鐘新解】

〈4綠巽〉은 爲´風인데,

風은 飄蕩(표탕

; 如´浮萍[부평]・'蒲公英(포공영; 민들레)' 的^種子)이고;

〈6白乾〉은 爲´天으로,

天의 行은 健(; 運轉[운전]이 不停[부정]임)이다。

又,

〈4巽〉은 爲´命令(명령)이고・

〈6乾〉은 爲´大人(; 상관)이다。

*飄(회오리바람 표)
*浮(뜰 부)
*萍(부평초 평)
*健(튼튼할 건)
*運(돌 운)
*轉(구를 전)
*停(머무를 정)

〈6白㊎〉이 剋′〈4綠㊍〉하는데,
失令이면 主′
勞碌奔波(노록분파)이다。

*勞(일할 로)
*碌(돌 모양 록})
*奔(달릴 분)
*波(물결 파)

'小畜(; 풍천소축; 〈46〉)' 은,
長女(; 4)가 當權′管理하고
畜牧之政(목축지정; 富者 가정)^也로,

*畜(쌓을 축)
*牧(칠 목)

❶ 吉象〈46〉
得令^時에는 主′
庶人之富(서인지부)인데,
但^亦^
難免(난면)′勞碌(노록)이다。

❷ 凶象〈46〉
〈4綠巽〉은 爲′繩(승; 밧줄)이고,
〈6白乾〉은 爲′首(수; 머리)이다。

*繩(줄 승)
*套(덮개 투)
*縊(목맬 액)

〈46〉之^方에
若^有′
旱水路(한수로; 平時에는 無水이고,
下雨에야 才[; 비로소]^形成′水路)이고,
形狀(형상)이 如′繩套(승투; 올가미)이면,
主′
(1) 自縊(자액; 목매고 자살)·
(2) 勒死(늑사; 목을 졸라 타살)이다。

*旱(가물 한)
*繩(줄 승)
*套(틀 투)
*縊(목맬 액)
*勒(졸라맬 륵)

〈6白乾〉은 爲′父(; 翁[옹;시아버지])이고.
〈4綠巽〉은 爲′長女(; 媳[식;며느리])이다。
〈46〉之^方에 有′
形狀(형상)이 淫邪(음사)的^砂水이고.
坐向이나 或^龍水가

*媳(며느리 식)

*邪(간사할 사)
*醜(추할 추)
*翁(늙은이 옹)
*媳(며느리 식)

犯´「出卦(; 대공망)」이면,
主´
父女・翁媳(옹식)가 亂倫(난륜)이다。

「雷風金伐(뇌풍금벌)」인, 卽^
　挨星(애성)은
〈63〉・〈64〉・
〈73〉・〈74〉이다。
主´刀로 殺傷(살상)이다。
失令之^時이고 又^
犯´上山下水한,
卽^爲´「雷風金伐(뇌풍금벌)」이다。

地元(; 甲庚丙壬, 辰戌丑未)의 山向은,
乃´
罡劫弔殺(강겁조살; 逢死絶)이 所居인데,
若^
逢(봉)´〈64〉이나,
又^犯´上山下水이면;
因(인; 왜냐하면)^
〈6白乾㊎〉은 爲´夫(; 남편)이고,
〈4綠巽㊍〉은 爲´婦(; 부인)로;
〈㊎〉이 剋´〈㊍〉하여,
主´喪妻(상처)이다。

若^
水路가 搖頭擺尾(요두파미; 물결치는 모양)하고,
形이 如´繩索(승삭; 올가미)이면,
更^主´懸樑自縊(현량자액; 목매고 자살)이다。

*亂(어지러울 란)
*倫(인륜 륜)

*雷(우레 뢰)
*伐(칠 벌)
*刀(칼 도)
*犯(범할 범)
*卽(곧 즉)

*罡(별 이름 강)
*劫(위협할 겁)
*弔(조상할 조)
#逢(만날 봉)

*搖(흔들릴 요)
*擺(열릴 파)
*繩(줄 승)
*索(동아줄 삭)
*懸(매달 현)
*樑(들보 량)
*縊(목맬 액)

❶ 吉象〈64〉

若^得令合局이면, 因

〈6白乾〉은 爲´君(군; 임금;最尊之男)·

〈4綠巽〉은 爲´后(후; 왕비;最尊之女)로,

*君(임금 군)
*后(왕비 후)
*尊(높을 존)

主´

(1) 藝術才華(예술재화)로

出衆(출중)·名利雙收(명리쌍수)하고,

(2) 姻結(인결; 혼인하다)이 權貴富豪(권귀부호)·

(3) 考試榜首(고시방수; 수석합격)·

(4) 股市大戶(고시대호; 주식거부)이다。

*術(꾀 술)
*華(꽃 화)
*姻(혼인 인)
*豪(호걸 호)
*考(상고할 고)
*試(시험할 시)
*榜(매 방)
*股(증권 고)
*戶(지게 호)

❷ 凶象〈64〉

若^失令不合局이면,

主´

(1) 貧賤(빈천)·

(2) 股票套牢(고표투뢰; 증권사기)·

(3) 身敗名裂(신패명렬)·

(4) 經濟犯罪(경제범죄)·

(5) 票據犯罪(표거범죄; 유가증권범죄)·

(6) 充當人頭(충당인두)이다。

*貧(가난할 빈)
*賤(천할 천)
*股(증권 고)
*套(덮개 투)
*牢(감옥 뢰)
*裂(찢을 렬)
*票(표 표)
*據(의거할 거)

(7) 氣喘(기천; 천식;4)·

(8) 股病(고병;4)·

(9) 禿頭症(독두증; 대머리;64)·

(10) 肝膽病(간담병)이다。

(11) 爲´通緝犯(통집범; 지명수배범)이다。

*充(찰 충)
*喘(헐떡거릴 천)
*股(넓적다리 고)
*禿(대머리 독)
*緝(낳을 집)
*犯(범할 범)

5. 〈+3㊍〉 ← 〈-7㊎〉 ; 부부싸움(; 천심살)

乙辛兮(을신혜), 家室分離(가실분리) °

*兮(어조사 혜)

을신(乙辛〈37〉)은, 가정이 이혼이나 별거하게 된다.

[鐘註]

「乙辛兮(을신혜),

家室分離(가실분리)」는,

(1) [甲卯乙(3)]은 屬′〈震卦〉 인데,

代表′

家長(;b) ·

丈夫(장부; 남편) ·

相反(상반; 반대) ·

出動(;3)이다.

*丈(어른 장)
*夫(지아비 부)

*妻(아내 처)
*妾(첩 첩)

*毁(헐 훼)
*折(꺾을 절)

(2) [庚酉辛(7)]은 屬′〈兌卦〉 인데,

代表′

妻妾(처첩) ·

少女(소녀) ·

毁折(훼절; 9)이다.

〈3乙㊍〉은 和^〈←7辛㊎〉은

是′〈㊍㊎〉이 相對(; 마주 봄)하여

剋沖(극충; 상극+상충)的(적; 것)이고,

主′

(1) 夫妻(부처; 부부)가 不和이고 而^

(2) 致(치; 이르다)′家庭(가정)이 破碎(파쇄)이다.

*沖(빌 충)
*夫(지아비 부)
*致(보낼 치)
*破(깨뜨릴 파)
*碎(부술 쇄)

【鐘新解】

地元龍(;甲庚丙壬, 辰戌丑未)이
於^三運과 七運에
收´山之^〈3〉이고,
得´水之^〈⑦〉하여 相配이거나;
收´水之^〈③〉이고,
得´山之^〈7〉하여 相配이거나;
收´山之^〈7〉이고,
得´水之^〈③〉하여 相配이거나,
收´水之^〈⑦〉이고,
得´山之^〈7〉하여 相配이다。

❶ 吉象 〈37〉
〈3碧㊍〉은 爲´文이고·
〈7赤㊎〉은 爲´武이고,
且^又^
合十(; 완성의 의미)이고,
乃´夫婦之配(부부지배; 조화)로,
(1) 主´貴이다。

❷ 凶象〈37〉
若^失令·上山下水인,
則^有´如^下之^凶인데;
失令時에
(1)〈3碧〉은 爲´賊星(적성)이고·
(2)〈7赤〉은 爲´盜匪(도비)이다。

❶ 吉象 〈37〉
〈37〉이 得運에는 爲´「合十」이고·

❷ 凶象〈37〉
失令에는
爲´「穿心殺(천심살; ㊎剋㊍)」이다。
主´

*且(또 차)
*又(또 우)

*盜(훔칠 도)
*匪(강도 비)

*穿(뚫을 천)

(1) 肝病(간병; 3)·
(2) 手脚殘傷(수각잔상; 3)·
(3) 搶劫(창겁; 총살; 7)·
(4) 官訟刑獄(관송형옥; 37)·
(5) 被´連累(연루)되어 反背陷害(반배함해)^等이고,
(6) 橫禍飛災(횡화비재)이다。

*脚(다리 각)
*殘(해칠 잔)
*搶(빼앗을 창)
*獄(교도소 옥)
*累(묶을 루)
*背(등 배)
*陷(빠질 함)
*害(해칠 해)
*禍(재화 화)

三運^與^七運之^
甲山·庚山은,
犯´反吟·伏吟이므로,
坐滿朝空(좌만조공; 背山臨水)之^局은
最^凶이다。

*犯(범할 범)
*吟(신음알 음)
*伏(엎드릴 복)
*滿(찰 만)

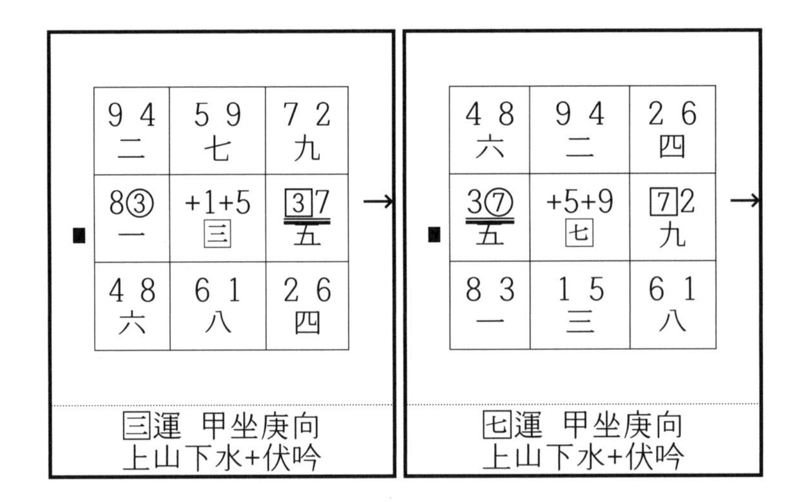

三運 甲坐庚向
上山下水+伏吟

七運 甲坐庚向
上山下水+伏吟

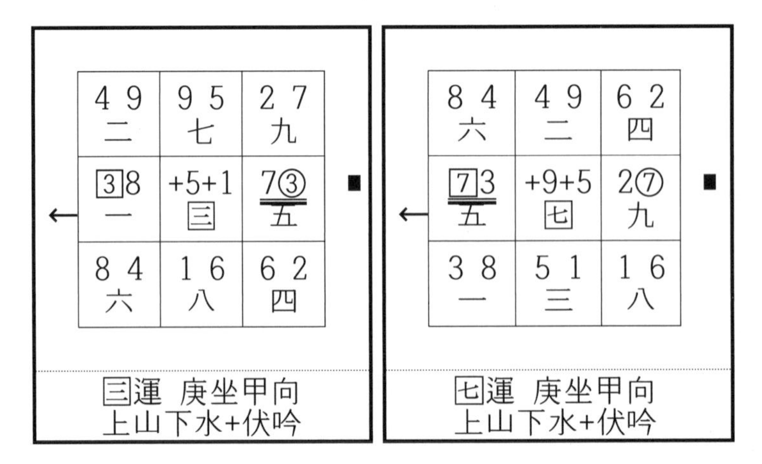

三運 庚坐甲向
上山下水+伏吟

七運 庚坐甲向
上山下水+伏吟

〈3碧震㊍〉은

爲´文이고.

爲´仁이고.

爲´生이며,

〈7赤兌㊎〉은

爲´武이고.

爲´義이고.

爲´殺이다。

❶ 吉象〈73〉

〈37〉이 得令이고.

山水가 品配(품배)이면,

爲´夫婦(;37)가 相逢하여,

主´

(1) 允文允武(윤문윤무)이고.

(2) 仁義全備(인의전비)하고.

(3) 剛柔(강유;73)가 兼^具이다。

*逢(만날 봉)
*允(정말로 윤)
*備(갖출 비)

*剛(굳셀 강)
*柔(부드러울 유)
*兼(겸할 겸)
*具(갖출 구)

❷ 凶象〈73〉

失令이고.山水顚倒(산수전도; 불합국)이고.

形勢가 險惡(험악)한, 則^

爲´夫婦가 阻隔(조격; 疏遠[소원])하여 不通하고.

〈㊍㊎〉이 相反(; 상극)으로,

爲´「穿心煞(천심살)」인데,

因(; 왜냐하면)

〈3碧〉은

爲´蚩尤(치우; 戰爭의 神).

賊星(적성)이고,

〈7赤〉은

爲´破軍(파군).

*阻(험할 조)
*隔(사이 뜰 격)
#疏(멀 소)
#遠(멀 원)
*穿(뚫을 천)
*蚩(어리석을 치)
*尤(더욱 우)
*賊(도둑 적)
*勇(날쌜 용)
*狼(이리 랑)
*肅(엄숙할 숙)
*鋒(칼끝 봉)

刑曜(형요; 司法)로,

有´好勇鬪狼(호용투랑; 싸우기를 좋아함;3)이며.

肅殺劍鋒(숙살검봉; 살별함)之^象으로,

必^主´

(1) 剛毅生災(강의생재)하고.

(2) 鬪爭不和(투쟁불화)로,

出´

(3) 盜賊劫掠(도적겁략)이고.

(4) 不仁不義(불인불의)이며.

(5) 男盜女娼(남도여창)이다。

*剛(굳셀 강)
*毅(굳셀 의)
*盜(훔칠 도)
*賊(도둑 적)
*劫(위협할 겁)
*掠(노략질할 략)
*盜(훔칠 도)
*娼(창녀 창)

《飛星賦》에 云하기를;

『須^識´

〈7㊎〉은 剛(강)이고,

〈3㊍〉은 毅(의)인데,

剛毅(강의)者가,

制(; 相剋)인 則^生´災이다。』

*須(모름지기 수)
*識(알 식)

*剛(굳셀 강)
*毅(굳셀 의)

*災(재앙 재)

(물)

6 1 六	1⑤ 二	8 3 四
7 2 五	5 9 七	3⑦ 九
2 6 一	9 4 三	4 8 八

(물) ⇉

七運卯坐酉向 △
七運乙坐申向 △

例如^
七運에
卯山酉向이나.
乙坐辛向에서,
其^向首가 〈3⑦〉인데,
若^離宮에 有水인,
則^

〈⑨紫㊋; ⑤가 飛出〉가

來剋´〈⑦赤㊎〉하여,

有´火災之厄(화재지액)

*災(재앙 재)
*厄(액 액)

이다。

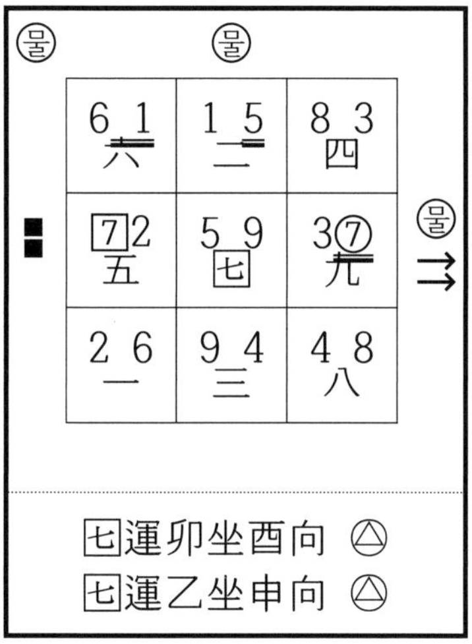

ⓜ물	ⓜ물		
6 1 六	1 5 二	8 3 四	
[7]2 五	5 9 [七]	3⑦ 九	ⓜ물 ⇉
2 6 一	9 4 三	4 8 八	

[七]運卯坐酉向 ⓐ
[七]運乙坐申向 ⓐ

〈[3]⑦〉은
〈㊎㊍〉이
相剋하는데,
當^以^水로 化解인데, *解(풀 해)
巽宮에
有´水(〈[6]①〉)이면
可^化解(화해)이다。

6. 〈-7㊎〉 ➔ 〈-4㊍〉 자매간에 불화, 스캔들

辰酉兮(진유혜), 閨幃不睦(규위불목) 。

*閨(부녀자방 규)
*幃(휘장 위)
*睦(화목할 목)

진유(辰酉[; -4-7])는 자매간에 불화목(不和睦)하다.

[鐘註]

〈-4巽㊍〉은 爲´長女이고,

〈-7兌㊎〉는 爲´少女인데

〈-㊎➔〉 〈-㊍〉이 相剋하여

主´

姊妹(자매) · 妯娌(축리; 여자동서)가

不和睦(불화목)인,

故^

「辰酉兮(진유혜),

閨幃不睦(규위불목)」이다.

*姊(손윗누이 자)
*妹(누이 매)

*妯(동서 축)
*娌(동서 리)

*和(화할 화)
*睦(화목할 목)

*閨(여자방 규)
*幃(휘장 위)

因(;왜냐하면)^

〈4綠㊍〉은

爲´ '文昌(문창; 공부의 신)' 인데,

受´ 〈➔㊎〉 剋인

故(; 때문에)^亦^

出´

(1) 病(; 病弱[병약])^書生(서생; 선비) ·

(2) 色癆(색로; 지나친 성생활로 인한 폐결핵)이다.

(3) 風聲醜聞(풍성추문; 스캔들)이

多^出´於^

少女(; -7) · 家庭主婦(가정주부; -4)이다.

*因(인할 인)
*昌(창성할 창)

*癆(중독 로)

*醜(추할 추)
*聞(들을 문)

【鐘新解】

〈4綠〉은

主´文章(;9)인데,

若^在´中·下元에는 失令이며

與´〈7赤〉하여 會合이면,

〈㊍〉衰는 逢´← 〈㊎〉剋이고,

又^有´凶惡砂水가 應´之이면,

名´「文昌破體(문창파체)」로,

主´

(1) 不出´文秀이고,

(2) 功名(공명)이 無望(무망)하고,

(3) 肝病(;4)으로 吐血(토혈)이고.

(4) 少年(;소녀도 포함됨)이 早夭(조요)이다。

*衰(쇠할 쇠)
*逢(만날 봉)
*吐(토할 토)
*早(새벽 조)
*夭(어릴 요)

〈-4綠巽〉은 長女이고.

〈-7赤兌〉는 少女로, 皆^陰星으로,

雌雄(자웅)은 星數가 不^配合하여,

主´

(1) 乾綱(건강; 임금이나 남편의 권위)은 不振이고.

(2) 牝雞司晨(빈계사신; 부인이 권한을 가짐)이며,

(3) 乏嗣(핍사)하는 螟蛉(명령; 나나니벌;양자를 세움)으로;

(4) 刀兵之厄(도병지액; 辰戌;4,6)·

(5) 毁容(훼용; 얼굴상해)·

(6) 淫亂(음란)이다。

*綱(벼리 강)
*牝(암컷 빈)
*雞=鷄
*司(맡을 사)
*晨(새벽 신)
*乏(가난할 핍)
*嗣(이을 사)
*螟(마디충 명)
*蛉(잠자리 령)
*毁(헐 훼)
*容(얼굴 용)
*淫(음란할 음)
*亂(어지러울 란)

〈47〉盪卦(탕괘; 조합)는

'風澤(☴☱;47;中孚(중부)'로,

有´符契之象(부계지상; 符信; 綜卦 참고)으로,

若^禽類(금류; 鳥類)가 抱卵(포란)하여,

*孚(미쁠 부)
*符(부신 부)
*契(맺을 계)
*符契=符信
*禽(날짐승 금)
*抱(안을 포)

當元得令이면,

主出´

(1) 誠信(성신;2)·

(2) 慈愛之人(자애지인;2)이고,

(3) 上和下悅(상화하열; 인화단결;)이다。

(4) 〈兌(7)〉山과 〈巽(4)〉水는

名´「天心星(;4文曲)」이며´文秀(;4)이다。

*卵(알 란)

*誠(정성 성)

*信(믿을 신)

*慈(사랑할 자)

*悅(기쁠 열)

*秀(빼어날 수)

〈7④〉은,

二三四運에는 宜´水路(;④)이고,

六七運에는 宜´山峰來龍(;7)이다。

*宜(마땅할 의)

7. 〈+8㊏-2㊏〉 ← 〈-4㊍〉; 교통사고

寅申觸巳(인신촉사),
曾聞虎咥家人(증문호질가인) 。

*觸(닿을 촉)
*曾(일찍 증)
*虎(범 호)
*咥(깨물 질)

〈寅申(82)〉에 〈巳(4)〉가 만나면,
예전에 호랑이가 사람을 물어간다고 하었다.

[鐘註]

〈寅申(; 8㊏2㊏)〉 이

(1) 相沖(; 반대편에 위치)하고

(2-1) 遇(우; 만나다)´

〈巳年(;4;乙巳,丙巳,己巳,辛巳,癸巳)〉 이거나,

(2-2) 〈4綠㊍(;年紫白)〉 이 來´會合하면,

叫做(규주; ~라고 부르다)´

'三刑(삼형; 寅申巳)' 이 逢沖(봉충)' 으로,

主´

(1) 被^犬(견; 개)에게 咬傷(교상; 물림; 因^現代에는 老虎[노호; 호랑이]가 已^很(흔; 매우)^少하기 때문이다)

(2) 登山遭難(등산조난; 〈8艮〉은 爲´山)·

(3) 車禍(차화; 교통사고)이고,

(4) 尤其(우기; 더욱)^是´ 左足之傷(; 8艮은 왼쪽 발)이거나,

(5) 被(피; 당하다)´牛에게 觸傷(촉상; 소뿔에 받침)이다.

*觸(닿을 촉)
*曾(일찍 증)
*虎(범 호)
*咥(깨물 질)

*沖(빌 충)
*遇(만날 우)
*叫(부르짖을 규)
*做(지을 주)
*逢(만날 봉)
*沖(부딪칠 충)

*犬(개 견)
*咬(새소리 교)
*傷(상처 상)
*很(매우 흔)

*遭(만날 조)
*難(어려울 난)
*禍(재화 화)
*尤(더욱 우)
*觸(닿을 촉)
*傷(상처 상)

【鐘新解】

〈2坤㊏〉·

〈8艮㊏〉는 爲´虎(호; 寅8)·爲´犬(견; 艮8)

*虎(범 호)
*蛇(뱀 사)

〈4綠巽〉은 爲´蛇(; 巳;4)이다。

❶ 凶象〈24〉

失令에 逢´之하면,

主´

(1) 蛇咬(사교; 뱀에게 물림)·

(2) 虎傷(호상)·

(3) 犬咬(견교; 개에게 물림)·

(4) 車禍(차화; 교통사고)·

(5) 身에 生´飛蛇(비사; 帶狀疱疹[대상포진])之^病이다。

*蛇(뱀 사)
*咬(깨물 교)
*虎(범 호)
*犬(개 견)

#帶(띠 대)
#狀(형상 상)
#疱(천연두 포)
#疹(홍역 진)

三運에

子山午向·癸山丁向·

午山子向·丁山癸向은,

〈坎〉宮에 挨星(애성)이

〈4②八(②4八)〉로,

若^

見´水路가 直衝(직충)은,

是爲´「寅申觸巳(인신촉사)」이다。

*衝(찌를 충)

↑↑

7 8 二	3③ 七	5 1 九
6 9 一	8 7 三	1 5 五
2 4 六	4 2 八	9 6 四

■■

三運
⊙子坐午向
⊙癸坐丁向

■■

8 7 二	3③ 七	1 5 九
9 6 一	7 8 三	5 1 五
4 2 六	2 4 八	6 9 四

↓↓

三運
△午坐子向
△丁坐癸向

〈寅巳申(8,4,2)〉는
乃´無恩之刑(무은지형)으로,
主´
(1) 言行이 乖越(괴월; 괴팍)하고.
(2) 貪吝無壓(탐린무염; 몰염치)하고.
(3) 不利´骨肉六親(부모,형제,처자)하고.
(4) 婦人은 産厄(산액)으로 血光이며 損胎인데;
所謂^
救´人이어도 無恩(무은; 은혜를 모름)也이다。

*乖(어그러질 괴)
*越(넘을 월)
*貪(탐할 탐)
*吝(아낄 린)
*廉(청렴할 렴)
*厄(액 액)
*損(덜 손)
*胎(아이 밸 태)
*救(건질 구)
*恩(은혜 은)

(1) 龍局이 入´貴格(;형기길상)이면,
主´
性이 殘忍(잔인)하여 好殺이고.
喜´立´功業이고;
(2) 生旺(;이기길상)이면,
主´
人은 持重(지중; 신중)이지만 少語(; 말수가 적음)이고.
寡慾(과욕)이지만 無情하고.
常(; 항상)^招(초)´失義(실의)하고 忘恩之撓(망은지요)이다。

*殘(해칠 잔)
*忍(참을 인)
*功(공 공)
*業(업 업)
*忘(잊을 망)
*恩(은혜 은)
*撓(달아날 뇨)

8. 〈+1㊌〉 ⇨+ 〈3㊍〉 ← 〈-7㊎〉 ;파괴, 穿心殺

*穿(뚫을 천)

壬甲排庚(임갑배경),
最異龍摧屋角(최이룡최옥각) 。

*排(밀칠 배)
*摧(부러뜨릴 최)

〈壬甲(13)〉이 〈庚(7)〉을 만나면,
아주 괴이한 용이 집의 모서리를 부순다.

[鐘註]

「壬甲排庚(임갑배경),
最異龍摧屋角(최이룡 최옥각)」이란,

[壬子癸]는
屬´〈1坎卦〉이고, 爲´雲 · 雨이고,

[甲卯乙]은
屬´〈3震卦〉이고, 爲´雷電(뇌전)이다.

〈13〉이 相配(상배)는
爲´〈1㊌生⇨3㊍〉이고,
'雲從龍(운종룡;
구름은 용을 따름; 13;
출전은《易經》乾卦 文言傳[문언전])' 也이다,
若^
逢´〈㊎〉이 來剋´〈㊍〉
(;〈7庚〉剋〈3甲〉)이면,
主´
(1) 雷電(뇌전; 천둥번개)이 摧毁(최훼; 무너뜨림)´
房屋(; 집)이거나,
(2) 人이 被^蛇(사)에게 咬傷(교상) ·
(3) 電殛(전극; 벼락사망)이다.
這(저)^一句^和(;와)^上一句的^
「寅申觸巳(인신촉사),

*排(밀칠 배)
*摧(부러뜨릴 최)
*屬(엮을 속)
*雷(우레 뢰)
*電(번개 전)
*從(좇을 종)
*逢(만날 봉)
*摧(꺾을 최)
*毁(헐 훼)
*房(방 방)
*屋(집 옥)
*蛇(뱀 사)
*咬(물 교)
*傷(상처 상)
*殛(죽일 극)
*這(이 저)
*句(구절 귀)
*連(잇닿을 련)

曾聞虎咥家人(증문호질가인)」은

*挨(칠 애)

相連(상련; 연결된 문장)이다.

若^

挨星(애성; 飛星)이

〈[2]⑧四〉·〈[3]①七〉은,

*逢(만날 봉)

*蛇(뱀 사)

主´

「或被犬傷(혹피견상; 혹은 개에 물리거나),

或逢蛇毒(혹봉사독; 혹은 독사에게 물린다)」이다.

無恩之刑(무은지형)

*恩(은혜 은)

(巳)	午	未	申
辰			酉
卯			戌
(寅)	丑	子	亥
〈(寅)8〉〈(巳)4〉			

(巳)	午	未	(申)
辰			酉
卯			戌
寅	丑	子	亥
〈(巳)4〉〈(申)2〉			

巳	午	未	(申)
辰			酉
卯			戌
(寅)	丑	子	亥
〈(寅)8〉〈(申)2〉			

9. 〈-7金〉〈-9㊋〉〈-5㊏〉; 성병(性病)

青樓染疾(청루염질), 只因七弼同黃(지인 칠필동황) 。

*樓(다락 루)
*染(물들일 염)
*疾(병 질)
*弼(도울 필;9)

청루(; 기생집)에서 성병에 걸리는 이유는, 〈7赤〉과 〈9紫〉에 〈5黃〉이 만나기 때문이다.

[鐘註]

「青樓染疾(청루염질),
只因七弼同黃(지인칠 필동황)」이란,
〈7兌〉는
少女・
妓女(賣笑[매소]場所之^小女이고,
因^
〈兌〉는
爲´悅[열;기쁨]・
爲´笑・
爲´非處女)이고,
〈9離〉는
爲´火(; 불)・
美麗的^女人(;蛇蝎女人[사갈여인;惡女])・
熱性疾病(열성질병)인데,

*妓(기생 기)
*賣(팔 매)
*笑(웃을 소)
*場(마당 장)
*因(인할 인)
*悅(기쁠 열)
*麗(고울 려)

*蛇(뱀 사)
*蝎(전갈 갈)
*熱(더울 열)
*疾(병 질)

若^
再^加上(;추가하다)´〈5黃毒〉인,
即^挨星(애성)이 爲´〈⑨⑦五〉인데,
主´
嫖妓(표기; 음탕한 기생)가
得´

*再(두 재)
*加(더할 가)

*嫖(음란할 표)
*楊(버들 양)
*梅(매화나무 매)
*瘡(부스럼 창)
*瘤(혹 류)

(1) 性病楊梅瘡毒(성병양매창독)이거나,

(2) 瘤癰腫(유옹종; 혹, 악창, 부스럼)이고,

(3) 服毒死亡(복독사망; 음독사망, 자살)이다.

*癰(악창 옹)
*腫(부스럼 종)
*服(먹을 복)

【鐘新解】

〈7赤〉은
爲´先天〈㊋〉數이며,
配´〈兌〉卦이고,
爲´刑曜(형요; 형법 담당의 별)이며,
其^性은 剛銳肅殺(강예숙살)로;
爲´
少女·
媵妾(잉첩)·
娼妓(창기)·
優伶(우령; 광대)이며;
於^人身에는 配´口이다。

*剛(단단할 강)
*銳(날카로울 예)
*肅(엄숙할 숙)
*媵(몸종 잉)
*妾(첩 첩)
*伶(배우 령)

〈5黃〉은
爲´瘟毒(온독; 열과 독)으로,
在^中宮에서는
爲´戊己(무기; ㊏)이지만,
飛出하면 爲´獨火(; 9㊋)이다。

*瘟(염병 온)

《秘本》에
以^〈5〉와〈7〉은
爲´九星中에 最凶之^大煞로,
當^其^得令之^時이라도
亦^喜´形勢가 端正平和(단정평화)이고,
最^忌´形勢가 險惡^
又^值(치)´失令이다。

*端(바를 단)
*險(험할 험)

3 9 五	7 5 一	5 7 三
4 8 四	-2+1 ㊅	9 3 八
8 4 九	6⑥ 二	1 2 七
六運 壬坐丙向 ▲雙星會坐		

1 2 五	6⑥ 一	8 4 三
9 3 四	+2-1 ㊅	4 8 八
5 7 九	7 5 二	3 9 七
六運 子坐午向 ⊙雙星會向		

'劉訓昇(유훈승)' 의
《陰陽學》에 載(재)인데;
『〈57〉이 同宮하고,
有´死氣의 山水이면,
除^〈5〉와 〈7〉 兩類의 不幸(불행)^外에,
並^主´
舌癌(설암)·脣癌(순암)·
喉癌(후암)·口腔癌(구강암)·
肺癌(폐암)·大腸癌(대장암)·
吸毒(흡독)·服毒(복독)·
飮食中毒(음식중독; 식중독)·
女童煙毒癌症(아동 연독암증)^
或^毒瘡(독창)이다。
如^水形이 凶惡이면,
主´毒殺´女童이다。』

*訓(가르칠 훈)
*昇(오를 승)
*載(실을 재)

*喉(목구멍 후)
*腔(속 빌 강)
*煙(연기 연)
*瘡(부스럼 창)

從(종)^卦象하여 引申(인신)하면,
〈57〉은 尙^主´
(1) 性病(성병)이고,
(2) 嫖賭飮吹(표도음취)으로 破家(파가)·
(3) 車禍(차화)·

*引(끌 인)
*申(말할 신)
*嫖(음란할 표)
*賭(도박 도)
*吹(불 취)

(4) 刀殺(도살)·

(5) 死刑(사형)·

(6) 戰禍(전화)·

(7) 火災(화재;9)·

(8) 跛眇缺脣(파묘결순)·

(9) 肢體畸形殘障(지체 기형잔장)

^等의

疾厄凶災(질액흉화)이다。

*跛(절뚝발이 파)
*眇(애꾸눈 묘)
*缺(이지러질 결)
*厄(액앙 액)
*災(재앙 재)

《飛星賦》[原註]에;

『〈兌(7)〉는 爲´少女이고,

爲´媵妾(잉첩; 몸종)이다。

〈離(9)〉는 爲´心(; 심장)이고·

爲´目(; 눈)이다。

心(;9)이 悅(열; 기쁨;7)한 少女는,

淫象(음상)也이다。

〈5黃〉의 性은 毒인,

故^

主患(주환)´

楊梅瘡毒(양매창독;성병;795)이다。』

*媵(몸종 잉)

*患(근심 환)
*楊(버들 양)
*梅(매화나무 매)
*瘡(부스럼 창)
*毒(독 독)

〈75〉·〈95〉가

衰運(쇠운)에 逢´之하고,

又^落´於^汚穢處(오예처)이면,

主患´性病이다。

又^〈7赤㊎〉은 爲´口이고,

〈⇦5黃毒㊏〉가 生(; 상생)´之하므로,

亦^主´

吸食毒品(흡식독품; 마약중독)이다。

*衰(쇠할 쇠)
*逢(만날 봉)

*汚(더러울 오)
*穢(더러울 예)
*吸(숨들이쉴 흡)

衰運(쇠운)時的^
〈7兌宮〉이나 或^〈7赤〉方에,
逢´〈5黃〉이 飛臨하면,
主´喉症(후증)인데;
〈7赤兌〉는
爲´口이며,
屬(속)´'肺經(폐경)'하여,
包括(포괄하다)´
整個(정개; 모든)^呼吸系統(호흡계통;4)이다。

*肺(허파 폐)
*包(쌀 포)
*括(묶을 괄)
*整(가지런할 정)
*個(낱 개)
*呼(부를 호)
*吸(숨 들이쉴 흡)
*系(이을 계)
*統(큰 줄기 통)

喉症(후증)에는 有;
喉頭炎(후두염)·扁桃腺炎(편도선염)·
喉頭癌(후두암)·咽頭炎(인두염)·白喉(백후)
^等의 症이다。

*扁(넓적할 편)
*桃(복숭아 도)
*癌(암 암)
*炎(염증 염)
*症(증세 증)

其實^
〈75〉가
所主的^病症은
還(환; 또한)^包括(포괄)´
(1) 聲帶(성대;3,4)·
(2) 氣管(기관;4)·
(3) 肺部(폐부;6,7)·
(4) 口腔(구강;7)·
(5) 橫隔膜(횡경막)·
(6) 肋膜(늑막)·
(7) 牙齒(아치; 치아;7)
^等의 部位的^疾患(질환)이다。

*腔(속빌 강)
*腔(속 빌 강)
*隔(사이뜰 격)
*膜(막 막)
*肋(갈비 늑)
*牙(어금니 아)
*齒(이 치)
*患(근심 환)

10. 〈+3㊍〉〈-4㊍〉➔〈5㊏〉; 유행성 전염병

寒戶遭瘟(한호조온), 緣自三廉夾綠(연자 삼염협록)。

*寒(찰 한)
*戶(지게 호)
*遭(만날 조)
*瘟(전염병 온)
*綠(인연 연)

가난한 집안에 전염병이 걸리는 이유는, 〈35〉에 〈4〉를 만났기 때문이다.

*廉(청렴할 렴)
*夾(낄 협)
*疹(홍역 진)

[鐘註]

「寒戶遭瘟(한호조온),
緣自三廉夾綠(연자 삼염협록)」는,

*綠(인연 연)

〈三〉은 爲´〈3震㊍〉이고,

爲´蟲(충;

*蟲(벌레 충)

細菌[세균]·瘧疾原蟲[학질원충; 일명 말라리아. 법정전염병]),

*細(가늘 세)
*菌(버섯 균)

〈廉(염)〉인 卽^〈廉貞〉이고, 〈5黃〉也이다.

*瘧(학질 학)
*疾(병 질)

〈巽〉은

爲´風(; 移動, 流行)이고,

*廉(청렴할 렴)
*貞(곧을 정)

爲´〈4綠〉이고,

爲´痲疹(마진; 홍역. 급성전염병)인데,

*痲(저릴 마)
*疹(홍역 진)

若^

挨星(애성)이 〈수③四〉이면,

*挨(칠 애)
*貧(가난할 빈)

主´

(1) 貧家(빈가; 가난한 집안)에

又^得´

(1-1) 瘟病(; 瘧疾[학질]·

(1-2) 感冒[감모; 감기]·

(1-3) 風濕[풍습; 4]·

*瘟(염병 온)
*冒(무릅쓸 모)
*濕(축축할 습)
*喘(헐떡거릴 천)
*咳(기침 해)

*傳(전할 전)
*染(물들일 염)

(1-4) 喘咳[천해; 기침; 4,7]等^
流行性傳染病(유행성 전염병)이다.

【鐘新解】

〈3碧震㊍〉은
爲´仲春(중춘)之^卦로,
時는 陽氣가 增長(증장)하고·
氣候(후)가 溫濕(온습)하여·
百蟲(백충)이 蠢動之^時(준동지시)인,
故^
〈震〉은 爲´蟲이다。

*仲(버금 중)
*拙(졸할 졸)
*蟲(벌레 충)=虫
*蠢(꿈틀거릴 준)

古代에 所謂´之하여 蟲인데,
實인 卽^今日之^病菌(병균)이다。
風魔(풍마)·瘟癀(온황)으로,
中醫名은
「風溫(풍온)」之^病으로,

*菌(세균 균)
*瘟(염병 온)
*癀(황달병 황)
*溫(따뜻할 온)

如^
(1) 流行性感冒(유행성감모)·
(2) 霍亂(곽란;2)·
(3) 痢疾(이질;2)·
(4) 鼠疫(서역;1)·
(5) 痲疹(마진)·
(6) 皮膚病(피부병;2)·
(7) 過敏性氣喘(과민성기천)
等이 皆^是이다。

*冒(무릅쓸 모)
*癨(곽란 곽)
*痢(설사 리)
*疾(병 질)
*鼠(쥐 서)
*疫(염병 역)
*痲(홍역 마)
*疹(홍역 진)
*敏(재빠를 민)
*喘(헐떡거릴 천)

依^卦象의 星情을 言´之하면, 〈35〉가
❶ 吉象〈35〉
若^當元이고 得令이고 合局이면,

*依(의지할 의)
*偉(훌륭할 위)
*威(위엄 위)

主出´

(1) 偉大人物(위대인물)·

(2) 開創(개창)´不世之^功業(공업),

(3) 聲威遠播(성위원파; 명성과 권위가 드날림)이다。

*創(비롯할 창)
*遠(멀 원)
*播(뿌릴 파)

❷ 凶象〈35〉

若^

失元(; 失運)·犯´上山下水이면,

主´

(1) 橫死(; 5)·

(2) 官司刑獄(관사형옥; 37)·

(3) 蛇咬(사교;4)·

(4) 胃(또는 內臟)出血(; 25)·

(5) 地震災害(지진재해; 35)·

(6) 雷殛(뇌극;3)·

(7) 性急으로 失敗(; 3,9)·

(8) 運動受傷(운동수상; 3)·

(9) 小兒痲痺(소아마비; 38)·

(10) 爆炸死傷(폭작사상; 3,9)·

(11) 樹壓(수압; 3)이다。

*官(벼슬 관)
*司(맡을 사)
*刑(형벌 형)
*獄(옥 옥)
*蛇(뱀 사)
*咬(물 교)
*痲(저릴 마)
*痺(저릴 비)
*爆(터질 폭)
*炸(터질 작)
*樹(나무 수)
*壓(누를 압)

〈35〉는, 在^

一運에는 爲´ '雷水(31)解(해)'·

二運에는 爲´ '雷地(32)豫(예)'·

三運에는 爲´ '震爲(33)雷(뇌)'·

四運에는 爲´ '雷風(34)恒(항)'·

六運에는 爲´ '雷天(36)大壯(대장)'·

七運에는 爲´ '雷澤(37)歸妹(귀매)'·

八運에는 爲´ '雷山(38)小過(소과)'·

九運에는 爲´ '雷火(39)豊(풍)' 이다。

*恒(항상 항)
*壯(씩씩할 장)
*妹(누이 매)

[최주]

〈5黃㊏〉는 중앙이므로 본래 방위도 없고 卦도 없지만 運에 따라 卦가 변한다。

즉 四運에 〈5黃〉은 〈8艮山〉이 된다。

盪卦表(탕괘표)								
上卦 / 下卦	乾 6 ☰	兌 7 ☱	離 9 ☲	震 3 ☳	巽 4 ☴	坎 1 ☵	艮 8 ☶	坤 2 ☷
天 6 ☰	**乾☰6 爲☰6 天- 천**	澤☱7 天☰6 夬- 쾌	火☲9 天☰6 大有+ 대유	雷☳3 天☰6 大壯- 대장	風☴4 天☰6 小畜- 소축	水☵1 天☰6 需+ 수	山☶8 天☰6 大畜- 대축	地☷2 天☰6 泰+ 태
澤 7 ☱	天☰6 澤☱7 履- 리	**兌☱7 爲☱7 澤+ 택**	火☲9 澤☱7 睽- 규	雷☳3 澤☱7 歸妹+ 귀매	風☴4 澤☱7 中孚+ 중부	水☵1 澤☱7 節- 절	山☶8 澤☱7 損+ 손	地☷2 澤☱7 臨- 림
火 9 ☲	天☰6 火☲9 同人+ 동인	澤☱7 火☲9 革- 혁	**離☲9 爲☲9 火+ 화**	雷☳3 火☲9 豊- 풍	風☴4 火☲9 家人- 가인	水☵1 火☲9 既濟+ 기제	山☶8 火☲9 賁- 비	地☷2 火☲9 明夷- 명이
雷 3 ☳	天☰6 雷☳3 无妄- 무망	澤☱7 雷☳3 隨+ 수	火☲9 雷☳3 噬嗑- 서합	**震☳3 爲☳3 雷+ 뇌**	風☴4 雷☳3 益+ 익	水☵1 雷☳3 屯- 둔	山☶8 雷☳3 頤+ 이	地☷2 雷☳3 復- 복
風 4 ☴	天☰6 風☴4 姤- 구	澤☱7 風☴4 大過+ 대과	火☲9 風☴4 鼎- 정	雷☳3 風☴4 恒+ 항	**巽☴4 爲☴4 風+ 풍**	水☵1 風☴4 井- 정	山☶8 風☴4 蠱+ 고	地☷2 風☴4 升 승
水 1 ☵	天☰6 水☵1 訟+ 송	澤☱7 水☵1 困- 곤	火☲9 水☵1 未濟+ 미제	雷☳3 水☵1 解- 해	風☴4 水☵1 渙- 환	**坎☵1 爲☵1 水+ 수**	山☶8 水☵1 蒙- 몽	地☷2 水☵1 師+ 사
山 8 ☶	天☰6 山☶8 遯- 돈	澤☱7 山☶8 咸+ 함	火☲9 山☶8 旅- 려	雷☳3 山☶8 小過+ 소과	風☴4 山☶8 漸+ 점	水☵1 山☶8 蹇- 건	**艮☶8 爲☶8 山+ 산**	地☷2 山☶8 謙- 겸
地 2 ☷	天☰6 地☷2 否+ 비	澤☱7 地☷2 萃- 췌	火☲9 地☷2 晉+ 진	雷☳3 地☷2 豫- 예	風☴4 地☷2 觀- 관	水☵1 地☷2 比+ 비	山☶8 地☷2 剝- 박	**坤☷2 爲☷2 地+ 지**

11. 〈-7㊎〉🡐〈-9㊋〉; 화재

赤紫兮(적자혜),   致災有數(치재유수) ◦

*兮(어조사 혜)
*致(이를 치)

〈-7赤㊎〉과 〈🡐-9紫㊋〉는   재앙(災殃)에 이르는 수가 있다.

*災(재앙 재)
*殃(재앙 앙)

[鐘註]

「赤紫兮(적자혜),
致災有數(치재유수)」란,

(1) 河圖^先天五行(; 體)으로
〈27〉은 屬´〈㊋〉이고,
(2) 洛書^後天五行(; 用)으로
〈9〉는 屬´〈㊋〉인데,
兩層(양층; 279)이 相會하면
其^性이 益(익; 더욱)^烈(열)한,
故^
主´常(상; 항상)^
遭(조; 만나다)´
不測(불측)之^災禍(재화; 화재, 飮毒[음독])이다.

*層(층 층)
*性(성품 성)
*益(더할 익)
*烈(세찰 렬)
*遭(만날 조)
*測(잴 측)
*災(재앙 재)
*禍(재화 화)

【鐘新解】;

❶ 凶象〈79〉
失令이면
主´
(1) 酒色(주색)이고
(2) 荒唐(황당)이고;

*荒(거칠 황)
*唐(허풍 당)

❷ 吉象〈79〉
得令이면

*婚(혼인할 혼)
*姻(혼인 인)
*喜(기쁠 희)

主´

(1) 婚姻(혼인)으로 喜慶(희경)·

(2) 出´美女이다。

*慶(경사 경)

㊚
■

7⑨ 八	2 5 四	[9]7 六
8 8 七	6 1 [九]	4 3 二
3 4 三	1 6 五	5 2 一

↙

[九]運 未山丑向
[替卦]

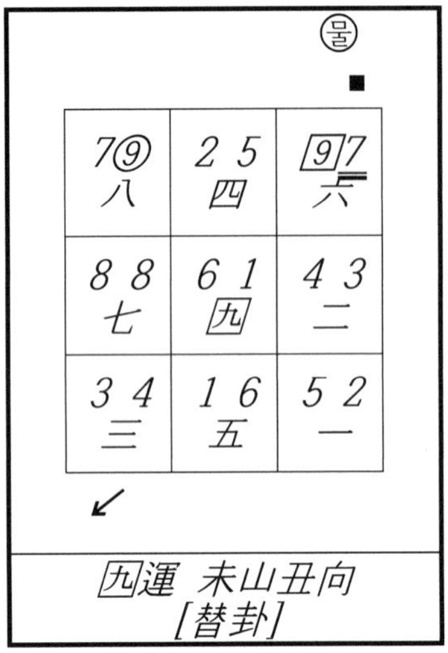

❶ 凶象 〈79〉

如^[九]運에

未山丑向[起星]에서,

坐山에

無山而有水는,

主´

江湖花酒(강호화주)이다;

*江(강 강)
*湖(호수 호)
*花(꽃 화)
*酒(술 주)

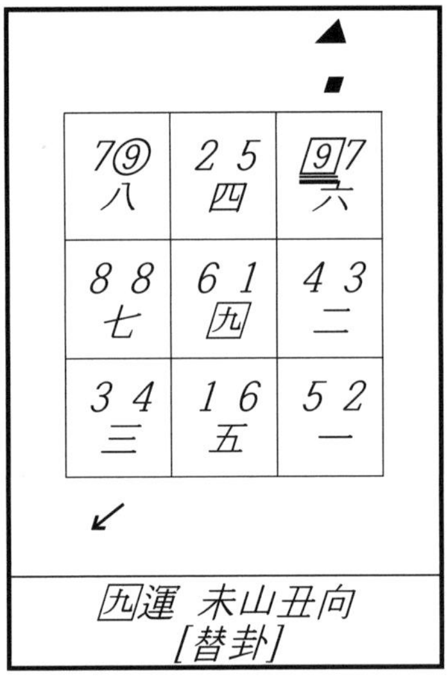

▲
■

7⑨ 八	2 5 四	[9]7 六
8 8 七	6 1 [九]	4 3 二
3 4 三	1 6 五	5 2 一

↙

[九]運 未山丑向
[替卦]

❷ 吉象 〈79〉

反之로,

坐山에

有´

端秀(단수)之^

山峰이면,

*端(바를 단)
*秀(빼어날 수)

主´出´

(1) 美女(미녀)·

(2) 烈士(열사)·

(3) 外科醫師(외과의사)·

(4) 律師(; 변호사)·

(5) 軍事家(군사가)·

(6) 改革家(개혁가;8)이다。

《紫白訣》;

『〈7赤〉은 爲´先天〈㊋〉數이고,

〈9紫〉는 爲´後天〈㊋〉星이다。

(1) 旺宮에 單^遇이면,

動(; 形氣)하여야

始(; 비로소)^爲´殃(앙)이고;

(2) 煞處에 重^逢이면,

靜(; 形氣)하여도

亦^肆虐(사학)이다。

或^

爲´〈廉貞(염정; 5;理氣)〉가 疊至(첩지)거나,

或^

爲´〈都天(도천; 5;理氣)〉이 加臨(가림)한,

卽^有´動靜之分(동정지분)이지만,

均^

有´火災之患(화재지환)이다。』

*遇(만날 우)
*殃(재앙 앙)

*逢(만날 봉)
*肆(제멋대로 사)
*虐(사나울 학)

*疊(겹쳐질 첩)
*臨(임할 림)
*均(모두 균)
*患(근심 환)

12. 〈+2㊏〉=〈5㊏〉; 질병, 암, 불치병, 불구자

黑黃兮(흑황혜), 釀疾堪傷(양질감상) ○

*釀(빚을 양)
*堪(~할 감)

〈+2㊏〉와 〈5㊏〉는 질병이 발생되고 상처를 입는다.

[鐘註]

「黑黃兮(흑황혜),
釀疾堪傷(양질감상)」이란,
「2黑」은 '病符(병부)' 이고,
「5黃」은 爲' '煞星(살성)' 인데,
〈2〉·〈5〉의 相逢(상봉)은
主'
疾病(질병)으로 傷人(상인)이다.
病은 多^
(1) 脾胃(비위; 2)·
(2) 癌症(암증; 5)·
(3) 高血壓(고혈압; 9; 5가 飛出되면 9㊋가 됨)이다.

*符(부신 부)
*煞(흉신 살)
*逢(만날 봉)
*疾(병 질)
*脾(지라 비)
*胃(밥통 위)
*癌(암 암)
*壓(누를 압)

4-㊍	9-㊋	2-㊏
3+㊍	5	7-㊎
8+㊏	1+㊌	6+㊎
九星과 陰陽五行		

【鐘新解】

〈2黑〉은

除^在^三運에 爲´「天醫」之外하고,

餘運(여운; 나머지 運)에는

皆^作´「病符」論인데,

在^五六七運에는

爲´殺氣하여 尤(우; 더욱)^凶이다。

若^

與´〈5黃〉毒素(독소)하여 同到하면,

定(; 必)^主´損人이다。

*除~之外;제외하고
*餘(나머지 여)
*尤(더욱 우)
*若(만약 약)
*毒(독 독)
*素(바탕 소)
*到(이를 도)
*損(덜 손)

〈2黑〉之^病은

筆者의 考驗(고험; 경험)은

多^屬´

脾胃(비위)·

肌肉(기육)·

發熱(발열)·

黃腫(황종)·

昏迷(혼미)이다。

〈25〉가 交加이면,

主出´

鰥寡(환과)인데;

*考(살필 고)
*驗(증험할 험)
*屬(속할 속)
*肌(살 기)
*腫(부스럼 종)
*昏(어두울 혼)
*迷(미혹할 미)

《紫白訣》;

『〈2〉는 主´宅母(택모)가 多病이고,

〈黑(2)〉이 逢´〈黃(5)〉은

至´出´鰥夫(환부)이다。

〈5〉는 主´孕婦(잉부; 임산부)가 受´災이고·

〈黃〉이 遇´〈黑〉時는

出´寡婦(과부)이다。』

*逢(만날 봉)
*鰥(홀아비 환)
*孕(아이밸 잉)
*受(받을 수)
*災(재앙 재)
*寡(적을 과)

❷ 凶象〈25〉

宅(; 양택)이나 墓(; 음택)에서
若^已(이; 이미)^發過하여, 値´於^衰運(쇠운)時에,
若^逢´〈2·5〉하여
飛臨(비림)´山向(; 坐宮과 向宮)이면,
亦^主´多病·死亡이다。

*墓(무덤 묘)
*已(이미 이)
*過(지날 과)
*値(만날 치)
*衰(쇠할 쇠)

❶ 吉象〈25〉

若^在´旺運에는,
年〈5黃〉이 飛臨(비림)하면
反^主´添丁進財(첨정진재)이다。

*臨(임할 림)
*添(더할 첨)
*丁(人丁 정)

〈2黑〉은 爲´熱症(열증)이고·
〈5黃〉은 爲´毒素(독소)하여·
癰瘤膿腫(옹류농종)인데,
其^疾病에는 有´;
(1) 盲腸炎(맹장염)·
(2) 腹膜炎(복막염)·
(3) 黃疸(황달)·
(4) 感冒(감모; 감기)·
(5) 腮腺炎(시선염)·
(6) 肝炎(간염)·
(7) 腎盂腎炎(신우신염)·
(8) 膀胱炎(방광염)·
(9) 結核病(결핵병)·
(10) 心內膜炎(심내막염)·
(11) 心肌炎(심기염)·
(12) 甲狀腺亢進(갑상선항진)·
(13) 風濕熱(풍습열)·

*癰(악창 옹)
*瘤(혹 류)
*膿(고름 농)
*腫(부스럼 종)
*盲(소경 맹)
*腸(창자 장)
*炎(염증 염)
*腹(배 복)
*膜(막 막)
*疸(황달 달)
*冒(무릅쓸 모)
*腮(뺨 시)
*盂(바리 우)
*膀(방광 방)
*胱(오줌통 광)
*肌(살 기)
*狀(형상 상)
*亢(목 항)
*濕(축축할 습)
*肺(허파 폐)
*管(피리 관)
*扁(넓적할 편)
*桃(복숭아무 도)
*膽(쓸개 담)
*囊(주머니 낭)

(14) 肺炎(폐염)·
(15) 支氣管炎(기관지염)·
(16) 扁桃腺炎(편도선염)·
(17) 膽囊炎(담낭염)·
(18) 膽結石(담결석)·
(19) 日本腦炎(일본뇌염)·
(20) 白血病(백혈병)·
(21) 敗血病(패혈병)·
(22) 膠原病(교원병; 만성관절염)·
(23) 子宮內膜炎(자궁내막염)·
(24) 惡性腫瘤(악성종류)^等이다。

*腦(뇌 뇌)
*膠(아교 교)

〈52〉가 相逢하면, 惟^
三運에 山이 逢´〈2〉이고.
五運에 水가 逢´〈5〉이면,
主´旺丁巨富이다。
餘運(여운)에 山水가 逢´之이면,
非^鰥(; 홀아비)인 即^寡(; 과부)이고;
非^疾病(질병)인 即^橫禍(횡화)이다。

*逢(만날 봉)
*餘(남을 여)
*鰥(홀아비 환)
*寡(적을 과)
*橫(가로 횡)
*禍(재화 화)

[사례]

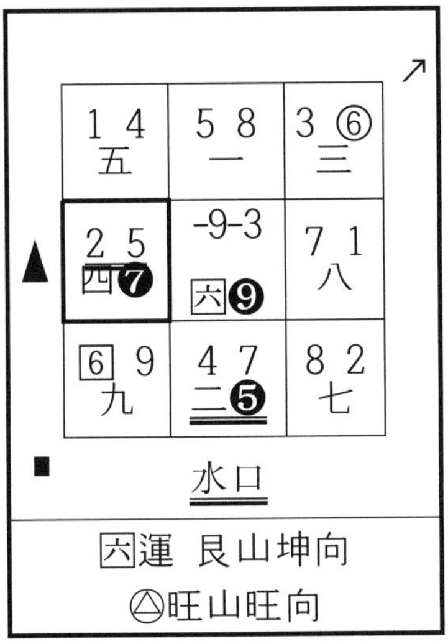

1 4 五	5 8 一	3 ⑥ 三
2 5 四❼	-9-3 六❾	7 1 八
⑥ 9 九	4 7 二❺	8 2 七

水口

六運 艮山坤向
㊀旺山旺向

如^六運에,
艮山坤向에서,
卯方에
有´
高壓電塔(고압전탑)이
있다。

*壓(누를 압)
*塔(탑 탑)

‘朱氏’의 墳(분; 분묘)은
辛酉(1981年) 九月에
進金(;下棺)하였다。
‘台中縣(태중현)’ ‘霧峰鄕(무봉현)’
‘甲寅村(갑인촌)’의
公墓(공묘; 공원묘지)이다。
離龍에 結´巽穴인데,
該^墓는 在´虎砂(; 백호사)下方인데·
向對에는 龍砂(;청룡사)가 尖尾(첨미)이다,
水口는 坎이다。

*墳(무덤 분)
#棺(널 관)
*尖(뾰족할 첨)
*尾(꼬리 미)

筆者(; 鐘義明)가
斷曰하기를;
『肖(초;띠)는 兎(토;토끼)이며
己卯命(1939年 出生人)이
患´胃癌(위암)으로, 開刀(;수술)이다。』
果(과; 과연)^
有´己卯命(기묘명이 患´胃癌(위암)인데,
於^壬戌年(1982년´ 6運 19年次로 中宮❾)
11月初에 死亡하였다。
此인 卽^
卯方의 〈2⑤〉 之^應也이다。

*肖(닮을 초)
*胃(밥통 위)
*癌(암 암)

13. 〈 +6㊎ 〉⇦〈 +2㊏ 〉; 구두쇠

交至乾坤(교지건곤), 吝心不足(인심부족) 。

*至(이를 지)
*吝(아낄 린)

〈乾6〉과 〈坤2〉가 만나면,
인심(吝心; 아껴주는 마음)이 부족하다.

[鐘註]

〈ь白乾㊎〉은
爲´黃金(황금; 금전)이고,
〈ㄹ黑坤㊏〉은
爲´吝嗇(인색)인데,
(1) 吝嗇(인색)하여
(2) 愛´金錢(금전)이고,
(3) 貪而無厭(탐이무염; 욕심이 끝이 없음)이다.

*至(이를 지)
*吝(아낄 린)
*嗇(아낄 색)
*貪(탐할 탐)
*厭(싫을 염)

【鐘新解】

❶ 吉象〈ㄹь〉

〈ㄹ黑㊏〉·〈ь白乾㊎〉은,
乃´老陰(;ㄹ)과 老陽(;ь)之^
'正配(; 정배)' 이며,
〈㊏㊎〉가 相生이고, 得令合局이면,
主´富貴이다。

*乃(~이다 내)
*配(아내 배)

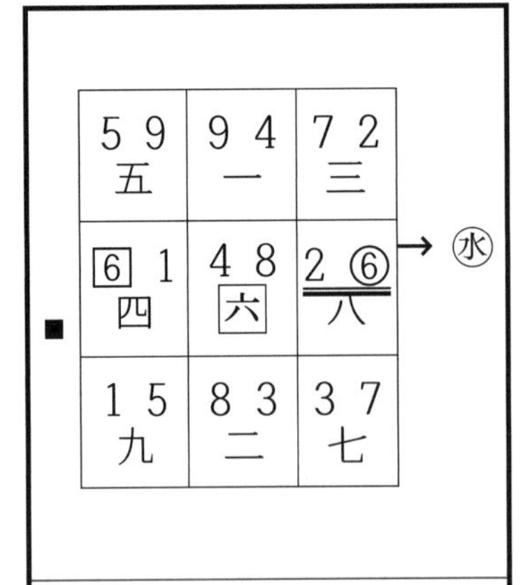

六運 △甲坐庚向

六運에
甲山庚向(; 왕산왕향)은,
向上(; 향궁)에
有´水가 放光인,
卽^
「堅㊎遇㊏(견금우토)」
이다。

*堅(굳을 견)
*遇(만날 우)

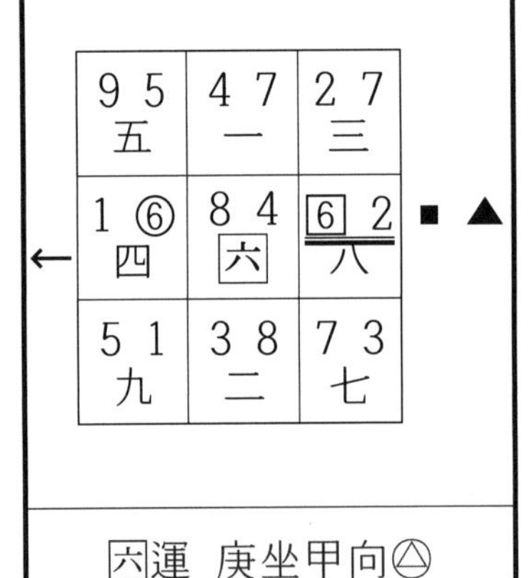

六運 庚坐甲向△

六運에
庚山甲向에서
坐後에
有´秀峰(수봉)인,
卽^
「堅㊎遇㊏」이다。

《八宅周書(팔택주서)》에 以^
〈武曲㊎(6白)〉은 爲´延年(연년)이고·
〈巨門2〉는 爲´天醫(; 太乙)하여,
若^
卦爻가 變出´
☷☰(지천태괘;26)·☰☷(천지비괘;62)하여,
先天으로는 〈9·1〉가 合十으로
爲´歸垣(귀원)하여 得局이면,
主得´
殊榮(수영; 특별한 영화)이다。

*武(굳셀 무)
*延(끌 연)
*醫(의원 의)
*變(변할 변)
*歸(돌아갈 귀)
*垣(담 원)
*殊(아주 수)
*榮(영화로울 영)

❷ 凶象〈2b〉

若〈2b〉之^配가

失令이나, 或은 犯´上山下水인,

則^主´

(1) 鬧鬼怪(뇨귀괴)·

(2) 出´迷信之人(미신지인)·

(3) 患´寒熱往來(한열왕래)之^疾病(; 장티프스)·

(4) 出´鰥夫寡婦(환부과부)·

(5) 出´人의 貪心으로 不足(; 구두쇠)·

爭´財勢^

等이다。

*鬧(시끄러울 료)
*鬼(귀신 귀)
*怪(기이할 괴)
*迷(미혹할 미)
*患(근심 환)
*寒(찰 한)
*熱(더울 열)
*貪(탐할 탐)
*爭(다툴 쟁)
*等(가지런할 등)

❶ 吉象〈2b〉

得令合局에는,

主´

(1) 順利(순리)·

(2) 獲(획)´財名權勢(재명권세)이다。

*獲(얻을 획)
*權(저울추 권)
*勢(기세 세)

❷ 凶象〈2b〉

失令에는,

出´

(1) 僞君子(위군자; 위선자)·

(2) 卑鄙小人(비비소인)이다。

*僞(거짓 위)

*卑(낮을 비)
*鄙(천할 비)

❶ 吉象〈2b〉

〈b白乾㊎〉과〈2黑坤㊏〉이 相會하고,

得令合局은 是´

「堅㊎이 遇㊏이다」인데,

*堅(굳을 견)
*遇(만날 우)

❷ 凶象〈2b〉

若^

失令・犯´上山下水인,
則^如(; 같다)´《飛星賦》에 所言이다。

地元의 山向이
犯´出卦(출괘; 대공망)이거나 差錯(차착; 소공망)하고,
挨星(애성)이 又^
失令・龍水交戰(; 不合局)이면
主´
(1) 迷信(미신; 귀신)・
(2) 被´神棍詐欺(신곤사기; 사이비종교)로
剝削(박삭; 금품갈취)하거나,
(3) 常^夢(몽)´鬼怪奇異(귀괴기이)之^事이다。
在^現代에서는
言´鬼神怪異(귀신괴이)는 不宜(불의)이지만,
但^
筆者의 考驗(고험)으로는,
實(; 사실은)^有´鬼神이 弄(농; 희롱)´人^也이다。

*差(어긋날 차)
*錯(섞일 착)
*挨(칠 애)
*戰(싸울 전)
*棍(몽둥이 곤)
*詐(속일 사)
*欺(속일 기)
*剝(벗길 박)
*削(깎을 삭)
*夢(꿈 몽)
*鬼(귀신 귀)
*神(귀신 신)
*怪(기이할 괴)
*異(다를 이)
*驗(증험할 험)
*弄(희롱할 롱)

5 9 五	9 4 一	7 2 三
[6]1 四	4 8 [六]	2⑥ 八
1 5 九	8 3 二	3 7 七

(左: ㊌甲■ 寅; →)

[六]運 甲山兼寅
△旺山旺向[불합국]

9 5 五	4 9 一	2 7 三
1⑥ 四	8 4 [六]	[6]2 八
5 1 九	3 8 二	7 3 七

(右: 申 ■庚㊌; ←)

[六]運 庚山兼申
△旺山旺向[불합국]

如´
[六]運 甲山兼寅과
[六]運 庚山兼申은 坐後가 空凹이다。

*凹(오목할 요)
#凸(볼록할 철)

❷ 凶象 〈62〉

以上은

皆^有´此^應이다。

寒熱(한열)이 往來(왕래)之^病으로는;

如^

(1) 丹毒(단독) ·

(2) 霍亂(곽란;27) ·

(3) 瘧疾(학질) ·

(4) 鼠疫(서역) ·

(5) 肝膿瘍(간농양) ·

(6) 肺炎(폐렴) ·

(7) 盲腸炎(맹장염) ·

(8) 腮腺炎(시선염),

均(균; 모두)^可能´發生이다。

*霍(빠를 곽)
*瘧(마라리아 학)
*鼠(쥐 서)
*疫(염병 역)
*膿(고름 농)
*瘍(종기 양)
*盲(소경 맹)
*腮(뺨 시)
*均(모두 균)

盪卦(탕괘)는 '否(비;62)' 로,

是´閉藏(폐장)之^卦로,

主´

(1) 貪心小氣(탐심소기; 욕심많고 옹졸함) ·

(2) 受賄(수회; 뇌물수뢰)이다。

*盪(씻을 탕)
*閉(닫을 폐)
*藏(감출 장)
*賄(뇌물 회)

14. 〈 +3㊍ 〉=〈 -4㊍ 〉; 무능력자

同來震巽(동래진손), 昧事無常(매사무상)。

*昧(어두울 매)
*常(항상 상)

〈 +3震 〉과〈 -4巽 〉이 만나면,
무능력하고 제자리 걸음이다.

[鐘註]

〈3碧震㊍〉은 爲´出(; 나감)이고,
〈4綠巽㊍〉은 爲´入(; 들어옴)이고, 又(우; 또한)^
〈3震〉은
爲´樹木(수목)이고・振動(진동)이고,
〈4巽〉은
爲´風이고・飄搖(표요; 거지, 유랑객)이고,
出入이 無常하고, 飄搖不定(; 정처없이 떠돎)인,
故^曰´
「同來震巽(동래진손), 昧事無常(매사무상)」이고,
主´
(1) 人이 做事(주사; 일처리)가 不明理하고,
(2) 遊移不決(유이불결; 망설이며 결정하지 못함)이고,
(3) 因循誤事(인순오사; 어물쩍하여 일을 그르치다)이다.

*樹(나무 수)
*振(떨칠 진)
*飄(회오리바람 표)
*搖(흔들릴 요)
*昧(어두울 매)
*常(항상 상)
*做(할 주)
*遊(놀 유)
*移(옮길 이)
*決(결재할 결)
*循(좇을 순)
*誤(그릇할 오)

[최주]

4巽; 入(입)	9離; 麗(려; 올라감)	2坤; 順(순);
3震; 出(출)・動(동)		7兌; 說(설)
8艮; 止(지; 멈춤)	1坎; 陷(함; 빠짐)	6乾; 健(건); 動而不息
八卦와 속성		

*健(튼튼할 건)
*陷(빠질 함)
*息(숨 쉴 식)

八卦에 따른 속성(屬性)은
〈+1坎㊌〉은 陷(함; 빠짐)이 되고,
〈-9離㊋〉는 附(부; 올림)이 되고,
〈+3震㊍〉는 出(출; 나감)이 되고,
〈-4巽㊍〉는 入(입; 들어감)이 되고,
〈-2坤㊏〉는 順(순; 따름)이 되고,
〈+6乾㊎〉은 建(건; 세움)이 되고,
〈-7兌㊎〉은 悅(태; 기쁨)이 된다.
〈+8艮㊏〉는 止(지; 그침,출발)이다.

❶ 吉象〈34〉
一剛一柔(일강일류; 음양)이 相配하여,
〈38㊍〉·〈49㊎〉은,
富貴之配(부귀지배)^也이다。

*剛(굳셀 강)
*柔(부드러울 유)
*配(아내 배)

❷ 凶象〈34〉
〈3碧震〉은
為´進(진)이고, 為´恐懼(공구)이고;
〈4祿巽〉은
為´風
(; 像´蒲公英[포고영; 민들레]之^種子·
浮萍[부평]은, 漂蕩[표탕]하여 不定임)이고,
為´退(퇴)이다。

*恐(두려울 공)
*懼(두려워할 구)
*像(형상 상)
*蒲(부들 포)
*萍(부평초 평)
*漂(떠돌 표)
*蕩(흩어질 탕)
*退(물러날 퇴)

當´其失令에는,
主出´
(1) 不明事理(불명사리)·
(2) 反覆無常(반복무상)·
(3) 猶豫不決(유예불결;
優柔不斷[유유부단])之^人이다。

*覆(뒤집힐 복)
*猶(오히려 유)
*豫(미리 예)
*決(터질 결)
#優(넉넉할 우)
#柔(부드러울 유)

若^
〈3碧〉方에
見´探頭山(탐두산)이면,
主出´賊徒(적도; 도적)이다。

*探(찾을 탐)
*頭(머리 두)
*賊(도둑 적)
*盜(훔칠 도)

〈4祿〉 方에

見´挽籃山(만람산; 쪽박, 바구니)이면,

主出´乞丐(걸개; 거지)이다。

*挽(당길 만)
*籃(바구니 람)
*丐(빌 개)

15. 〈 +6戌㊎ 〉⇦〈 -2未㊏ 〉; 미신숭상, 독신남녀

戌未僧尼(술미승니), 自我有緣何益(자아유연하익) 。

*緣(인연 연)
*僧(중 승)
*尼(여승 니)

〈戌6㊎〉은 비구(;남자스님)이고
〈未2㊏〉는 비구니(; 여자스님)로
본래 나에게 인연(;㊏⇨㊎相生)이 있지만,
무슨 이익이 있겠는가(;없다는 의미)!

[鐘註]

「戌未僧尼(술미승니),
自我有緣何益(자아 유연하익)」이란,

[戌乾亥]는
屬´〈乾卦㊎〉이고, 爲´僧(승; 비구)이고,
[未坤申]은
屬´〈坤卦㊏〉이고, 爲´尼(니; 비구니)이고,
雖^
爲´〈㊏㊎相生〉이지만,
若是(약시; 만약)^失時(; 失運, 失令)이면,
主´
(1) 人이 容易(용이; 쉽다)´迷信(미신; 사이비종교)이고,
(2) 孤獨(고독)하고,
(3) 與(여; ~에 있어서)^現實社會하여
脫節(탈절; 현실 부적응)이다.

尤以(우이; 특히)^
地元龍之〈戌・未〉가 爲然(;그렇게 됨)이고,
因^
[辰戌丑未]는 爲´五行之^墓庫(묘고)인데,

*緣(인연 연)
*僧(중 승)
*尼(여승 니)
*何(어찌 하)
*益(더할 익)

*容(허용할 용)
*易(쉬울 이)
*迷(미혹할 미)
*孤(외로울 고)
*獨(홀로 독)
*脫(벗을 탈)
*節(마디 절)

*尤(더욱 우)
*庫(곳집 고)
*遁(달아날 둔)
*藏(감출 장)
*埋(묻을 매)

主′

遁藏(둔장; 숨겨 저장함) ·

埋沒(매몰)也이다.

*沒(가라앉을 몰)

12運 / 天干	長(生)	沐(浴)	(帶)冠	臨(官)	帝(旺)	衰	病	死	墓	絶	胎	養
+甲	亥	子	丑	寅	卯	辰	巳	午	未	申	酉	戌
-乙	午	巳	辰	卯	寅	丑	子	亥	戌	酉	申	未
+丙	寅	卯	辰	巳	午	未	申	酉	戌	亥	子	丑
-丁	酉	申	未	午	巳	辰	卯	寅	丑	子	亥	戌
+戊	寅	卯	辰	巳	午	未	申	酉	戌	亥	子	丑
-己	酉	申	未	午	巳	辰	卯	寅	丑	子	亥	戌
+庚	巳	午	未	申	酉	戌	亥	子	丑	寅	卯	辰
-辛	子	亥	戌	酉	申	未	午	巳	辰	卯	寅	丑
+壬	申	酉	戌	亥	子	丑	寅	卯	辰	巳	午	未
-癸	卯	寅	丑	子	亥	戌	酉	申	未	午	巳	辰

*沐(머리 감을 목)
*浴(목욕할 욕)
*帶(띠 대)
*臨(임할 림)
*帝(임금 제)
*衰(쇠할 쇠)
*病(병 병)
*死(죽을 사)
*墓(무덤 묘)
*絶(끊을 절)
*胎(아이 밸 태)
*養(기를 양)

16. 〈 +6㊎ 〉⇦〈 -2㊏ 〉; 귀신, 미신숭상. 사이비종교

乾坤神鬼(건곤귀신), 與他相剋非祥이다(여타상극 비상) 。

*與(더불어 여)
*祥(상서로울 상)

〈乾6〉은 神(신)이고 〈坤2〉는 鬼(귀)인데, 다른 것과 相剋하면 상서(祥瑞)롭지 못하다.

*祥(상서로울 상)
*瑞(상서 서)

[鐘註]

「乾坤神鬼(건곤신귀),
與他相剋非祥이다(여타상극 비상)」 이란,
此^句는 乃^接(접; 연결)´上句이다.
〈6乾㊎〉은 爲´天이고, 爲´神(신)이고,
〈2坤㊏〉은 爲´地이고, 爲´鬼(귀)이다.

*祥(상서로울 상)
*乃(이에 내)
*接(사귈 접)

若^失令이면
除了^上句之^主應外에,
還(환; 게다가)^
(1) 會碰(회팽; 만나다)´著^
陰邪怪事(음사괴사)이고,
(2) 發生´精神分裂症(정신분열증)이고,
(3) 見´鬼怪(귀괴)이다.

*除(제외할 제)
*了(마칠 료)
*應(응할 응)
*還(돌아올 환)
*碰(만날 팽)
*邪(간사할 사)
*怪(기이할 괴)
*裂(찢을 렬)
*鬼(귀신 귀)

17. 〈 -1㊌ 〉⇨〈 +4㊍ 〉; 음탕(淫蕩)

*淫(음란할 음)
*蕩(쓸어버릴 탕)
*扶(도울 부)
*歸(돌아갈 귀)

當知四蕩一淫(당지사탕일음),
淫蕩者扶之歸正(음탕자부지귀정) 。

〈巽4〉는 방탕(放蕩)이고
〈坎1〉은 음탕(淫蕩)함을 마땅히 알아야 하고,
(득령시는) 음탕함이 〈14〉의 도움으로 정상으로 돌아온다.

[鐘註]

「四蕩一淫(사탕일음),
淫蕩者扶之歸正(음탕자 부지귀정)」이란,

*蕩(방탕할 탕)
*貞(곧을 정)
*節(마디 절)
*淸(맑을 청)
*聲(소리 성)

〈4綠巽〉은
爲´風이고, 其^性이 蕩(탕; 방탕)이고.
又^爲´貞節(정절) · 淸白(청백) ·
風聲(풍성; 소문)이다.

〈1白坎〉은
爲´〈㊌〉이고,
其^性이 流이고, 趨下(추하)이고,
又^爲´準平(준평)이고 · 低陷(저함) ·
拯救(증구; 구제하다) · 心志(심지)이다.

*趨(달릴 추)
*準(법도 준)
*低(밑 저)
*陷(빠질 함)
*拯(건질 증)
*救(건질 구)

此(; 〈14〉)는
流動(유동)之^性質(성질)이고,
要´把(파; ~를)^它(타; 잘못의 의미)를
扶正(부정; 바로잡다)하므로,
(1) 得運
使^之하여 安定(; 吉)인, 卽^要´用之^得令하면,

*把(잡을 파)
*它(그것 타)
*扶(도울 부)
*潔(깨끗할 결)

主/出′

(1) 文人(; 14)·

(2) 貞潔(정결; 4)之士이다.

(2) 失運

若^失令이면,

主′

(1) 男女가 不知′學好上進(학호상진; 학문정진)이고,

(2) 沈迷放蕩(침미방탕)′於^酒色(주색; 14)이다.

*沈(가라앉을 침)
*迷(미혹할 미)
*放(놓을 방)
*蕩(쓸어버릴 탕)
*酒(술 주)

【鐘新解】

〈1白㊌〉는

主′智慧(지혜)로, 乃′

'魁星(괴성)' 이다;

〈4綠㊍〉은

主′名譽(명예)로, 乃′

'文昌' 之星이다。

〈1白〉은

有′牙笏(아홀)之象이고, 應^

'官星(관성)' 이고;

〈4綠〉은

有′文書之象으로,

'司祿(사록; 벼슬을 담당하는 별)'

의 位이다。

*乃(~이다 내)
*魁(으뜸 괴)
*牙(상아 아)
*笏(홀 홀)
*司(벼슬 사)
*祿(복 록)
*司(벼슬 사)
*祿(복 록)

[최주]

'文昌'은 文班의 대표인물로 명예를 의미하고,
'關羽'는 武班의 대표인물로 재물을 의미한다.
'文昌'은 '東晉(동진;317~420년)'시대에 인물이고,
'關羽(?~220년)'는 삼국시대에 蜀나라 장군이다.

*關(빗장 관)
*羽(깃 우)
*蜀(나라이름 촉)

❶ 吉象〈14〉

得′運時에,

*考(상고할 고)

主´

(1) 考試奪魁(고시탈괴; 수석합격)·
(2) 陞遷(승천; 승진)·
(3) 文藝로 聲價(성가; 명예)하고.
(4) 世代書香(세대서향; 대대로 학자집안)·
(5) 人品이 俊雅(준아)하다。

*試(시험할 시)
*奪(빼앗을 탈)
*陞(오를 승)
*遷(옮길 천)
*聲價=명성
*俊(뛰어날 준)
*雅(우아할 아)

〈14〉의 盪卦(탕괘)는
'水風井(수풍정)' 으로,
《繫辭下傳(계사하전; 제 7장)》에 云하기를
『井(; 수풍정;우물)은, 德之地^也이다。』,
『井은, 居其所而遷(; 우물은 그 자리에 항상 있지만,
길은 물은 옮겨 유용하게 사용함)이다。』
井之^德은, 位置가 固定不動(고정부동)으로,
而^能^施惠(시혜)를 予(여; 주다)´他人한다。

*盪(씻을 탕)
*繫(맬 계)
*辭(말 사)
*傳(전할 전)
*居(있을 거)
*遷(옮길 천)
*施(베풀 시)
*惠(은혜 혜)
*予(줄 여)=與

[최주]
위의 《周易》의 '水風井卦(수풍정괘)'에 관한 내용은 卦를 이용하여 조합숫자을 해석하는 방법이다.

❶ 凶象〈14〉
得運에는,
主出´
(1) 有德之^君子(군자)·
(2) 思想家(사상가;철학자)·
(3) 廉潔官員(염결관원; 청백리, 모범공무원)으로,
(4) 能^敎化´天下의 百姓이다。

*廉(청렴할 렴)
*潔(깨끗할 결)
*官(벼슬 관)
*員(사람 원)
*姓(성 성)

〈14〉가 同宮之方은 須^有´
文筆秀峰(문필수봉)하고,
水流는 之玄曲折(지현곡절)하거나.
或^池湖(지호)가 圓亮放光(원량방광)이고,
且^當元得運이면,

*須(모름지기 수)
*筆(붓 필)
*秀(빼어날 수)
*折(꺾을 절)
*池(못 지)
*湖(호수 호)
*圓(둥글 원)
*亮(밝을 량)

方(; 비로소)^許´科名(; 합격과 명예)이다。

*許(허락할 허)

❷ 凶象〈14〉

若^逢´衰運(쇠운)인, 則^如^

《飛星賦》에 所云로는;

『當^知´

〈4〉蕩과〈1〉淫이다』인데,

加以(가이; 추가)´巒頭(만두)가 不美이면,

反^主´

出人이 下流無恥(하류무치; 몰염치)^矣이다!

*逢(만날 봉)
*衰(쇠할 쇠)
*賦(문장 부)
*蕩(방탕할 탕)
*淫(음란할 음)
*巒(뫼 만)
*恥(부끄러워할 치)
*矣(어조사 의)

〈4綠巽〉은 爲´文章·文書(;2)이고,

〈1白坎〉은 爲´牙笏(아홀; 벼슬)·丹色(단색)

(〈坎〉卦☵는

得´〈乾〉卦☰之^中爻인데,

〈乾〉은 爲´大赤[대적]이고,

〈坎〉은 分´其^赤色하여

爲´丹朱[단주]이다)。

*牙(상아 아)
*笏(홀 홀)
*丹(붉을 단)
*翰(문장 한)
*苑(동산 원)
*丹(붉을 단)

❶ 吉象〈14〉

〈41〉組合은, 有´

(1) 翰苑(한원; 한림원; 어명을 받아 문서작성 일)·

(2) 丹詔(단조; 고지,임명장)之^象이다。

*翰(문장 한)
*苑(동산 원)
*丹(붉을 단)
*詔(알릴 조)

又^

〈4巽〉은 爲´工(; 기예[技藝])이고·

〈1坎〉은 爲´智(; 지혜)인,

故^〈41〉은

又^

(1) 有´多才多藝(다재자예)·

(2) 匠心獨運(장심독운; 기발한 착상)之^

義(의; 의미)이다。

*匠(장인 장)
*獨(홀로 독)

❶ 吉象〈14〉

得令에는 多^ 主´

(1) 文章華國(문장화국)·

(2) 詩禮傳家(시예전가)이다。

〈41〉 之^方은,

最^喜는

文筆峰이 挺秀(정수; 높이 솟음)이다。

*章(글 장)
*華(꽃 화)
*喜(기쁠 희)
*挺(특출날 정)

《玉髓眞經(옥수진경; 형기풍수서적)》에 云하기를;

『一木(; 木星)이 通´天하여,
　特起하여 力專(역전)하여,
　文星(; 木星)은 孕(잉; 잉태)´秀하여,
　極品(; 최상급)의 貴와 權이다。』

*髓(골수 수)
*專(오로지 전)
*孕(아이 밸 잉)
*極(다할 극)

❷ 凶象〈14〉

若^無´明山秀水가 相應이고,

反(오히려)^

見´凶山惡水·破屋(파옥)·

坑厠(갱측; 굴[;터널], 화장실)·

橋洞(교동; 다리 사이의 구멍)·

石牌坊(석패방; 돌로 만든 일주문; 일종의 구멍)인,

則^不但(; 다만)^

(1) 不出´文秀이고,

(2) 反^出´淫賤愚頑(음천우완)之^人이다。

*坑(구덩이 갱)
*厠(뒷간 측)
*橋(다리 교)
*牌(간판 패)
*坊(동네 방)
*淫(음란할 음)
*賤(천할 천)
*愚(어리석을 우)
*頑(완고할 완)

石牌坊(석패방)

《飛星賦(비성부)》에 云하기를;
『當^知´
〈4〉는 蕩(탕)이고·
〈1〉은 淫(음)이지만,
(합국당운이면) 淫蕩者(음탕자)라도
扶之歸正(부지귀정; 사필귀정)이다。』

*當(마땅히 당)
*蕩(방탕 탕)
*淫(음란할 음)

*扶(도울 부)
*歸(돌아갈 귀)

形勢가 不佳(불가;
① 水形은
(1) 搖頭擺尾[요두파미; 물결모양의 물]·
(2) 斜飛散渙[사비산환]이고,

*搖(흔들릴 요)
*擺(흔들 파)
*渙(흩어질 환)

② 山形이 如´
(1) 掀裙[흔군; 치미를 들어올림]·
(2) 舞袖[무수; 춤추는 소매자락]·
(3) 挽籃[만람; 쪽박모양의 산]·
(4) 抱肩[포견; 어깨를 껴안음]·
(5) 獻花[헌화; 開脚;다리를 벌임])이며,
又^失令(; 理氣)에는,
必^主´淫蕩(음탕)이다。

*掀(치켜들 흔)
*裙(치마 군)
*袖(소매 수)
*挽(당길 만)
*籃(바구니 람)
*抱(안을 포)
*肩(어깨 견)
*獻(바칠 헌)
*脚(다리 각)
*淫(음란할 음)
*蕩(방탕할 탕)

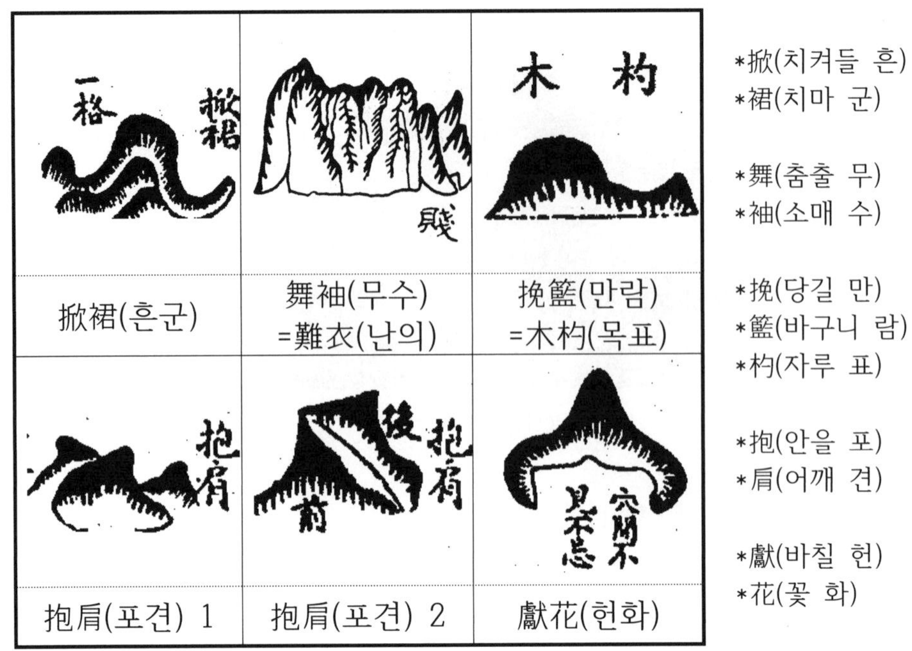

*掀(치켜들 흔)
*裙(치마 군)

*舞(춤출 무)
*袖(소매 수)

*挽(당길 만)
*籃(바구니 람)
*杓(자루 표)

*抱(안을 포)
*肩(어깨 견)

*獻(바칠 헌)
*花(꽃 화)

「扶之歸正(부지귀정)」이란,
謂´用´於^
形勢가 端莊秀麗(단장수려; 形氣)之^處이며,
當元得令(당원득령; 理氣)之^時이다。

*扶(도울 부)
*歸(돌아갈 귀)
*謂(이를 위)
*端(바를 단)
*莊(장엄할 장)
*麗(고울 려)

18. 〈 -7㊎ 〉➔〈 +3㊍ 〉; 천심살(穿心煞)

*穿(뚫을 천)
*剛(굳셀 강)
*毅(굳셀 의)
*殃(재앙 앙)

須識七剛三毅(수식 칠강삼의), 剛毅者制則生殃(강의자 제즉생앙) ㅇ

〈7兌〉은 剛(강)이고 〈3震〉은 毅(의)인데, 〈7㊎➔3㊍〉의 相剋은 災殃(재앙)이 발생한다.

[鐘註]

「七剛三毅(칠강삼의),

剛毅者制則生殃(강의자 제즉생앙)」,

〈7兌㊎〉는

爲´〈㊎〉이고,

其^性은 銳利(예리; 금속)하여,

一種의 肅殺之氣(숙살지기; 살벌한 분위기)이고,

〈3震㊍〉은

爲^雷電(뇌전)이고,

爲^〈㊍〉이고,

其^性은 直하여,

是´一種의 剛大(강대)之^氣이다.

所以^

〈73〉이 配在´一起(일기; 같은 궁)되면,

是´過剛(과강)인 則^

折(절; 부러지다)的^象徵(상징)인데,

犯´之하면,

(1) 家長(;6)·長男(;3)은 必^生´災禍(재화)이고,

(2) 四肢(사지)가 折斷(절단)되거나,

(2) 或^死亡이다.

*銳(날카로울 예)
*利(날카로울 리)
*肅(엄숙할 숙)
*雷(우레 뢰)
*剛(굳셀 강)
*配(아내 배)
*起(일어날 기)
*過(지날 과)
*折(꺾을 절)
*象(코끼리 상)
*徵(부를 징)
*犯(범할 범)
*災(재앙 재)
*禍(재화 화)
*肢(사지 지)
*折(꺾을 절)
*斷(끊을 단)

19. 〈 +3㊍ 〉〈 -4㊍ 〉➔〈 5㊏ 〉; 中風 · 신경쇠약

碧綠風魔(벽록풍마), 他處廉貞莫見(타처염정막견) 。

*魔(마귀 마)
*立(입); 즉시

〈3벽㊍〉〈4록㊍〉은 風魔(풍마; 中風)인데, 또 〈5염정㊏〉을 만나지 마라.

* 他處(=疊겹쳐서, 또 다시)

[鐘註]

「碧綠風魔(벽록풍마),
他處廉貞莫見(타처염정막견)」이란,

〈 3碧震㊍ 〉은
屬´膽(담; 쓸개)이고,

〈 4綠巽㊍ 〉은
屬´肝(간; 간)이고,

皆(개)^主´神經系統(신경계통)이고,

「風魔(풍마)」는 指´

(1) 中風 ·

(2) 神經衰弱(신경쇠약) ·

(3) 癲癎(전간; 간질병) ·

(4) 歇斯底里病症(헐사저리[; 히스테리]병증)이고,

若^

加(;추가)´〈五黃㊏〉하여,

〈4③五〉가 되면,

中樞主宰(중추주재)的^〈五黃㊏〉가

受(수; 받다)´〈🡐兩個(; 34)^㊍〉의 剋하여,

會生´「風魔(풍마)」之^病이다.

*膽(쓸개 담)
*肝(간 간)
*系(이을 계)

*衰(쇠할 쇠)
*弱(약할 약)
*癲(미칠 전)
*癎(간질 간)
*歇(쉴 헐)
*斯(이 사)
*底(밑 저)
*里(마을 리)

*樞(지도리 추)
*宰(재상 재)

【鐘新解】

〈-4綠㊍〉은
爲´〈巽〉으로,

爲´入·

爲´風이고,

〈+3碧㊍〉은

爲´〈震〉으로,

爲´出·

爲´雷인데,

失令^時에는

主´

(1) 出入이 不當하고.

(2) 進退(진퇴)가 無常이고,

(2) 因循(인순; 되풀이하다)´誤事(오사)하고.

(3) 反復不定(반복부정; 제자리걸음)·

(4) 不明事理(불명사리; 사리에 밝지 못함)하고.

(5) 怯弱庸懦(겁약용나; 겁쟁이;3㊍4㊍은 단단하지 못함)이다。

*循(좇을 순)
*誤(그릇할 오)
*怯(겁낼 겁)
*庸(쓸 용)
*懦(나약할 나)
*盪(씻을 탕)

盪卦(탕괘)인 '益(익; 풍뢰익;43)' 은,

失令인 則^爲´ '損(손; 산택손; 87)' 인데;

'損(; 산택손)' ^與^ '益(풍뢰 익)' 은

本是에 一體的^兩面으로,

得^與^失은

在´

當令(당령; 得運)^與^

失令(실령; 失運)之^分이다。

*盪(씻을 탕)
*令(시기 령)

[최주]

(1) 綜卦(종괘);

상하도치(上下倒置)된 卦로, 세상만물은 항상 상대적이며, 약이 독이 되고 독이 약이 된다는 의미이다。

風 4	☴	⤡⤢	☶	山 8	뒤집고, 上下卦를 도치
雷 3	☳		☱	澤 7	뒤집고, 上下卦로 도치
風雷益 풍뇌익		→	山澤損 산택손		綜卦; 上下倒置 종괘; 상하도치

(2) 上下倒置하여도 바뀌지 않는 8개의 卦

天6	☰	地2	☷	水1	☵	火9	☲
天6	☰	地2	☷	水1	☵	火9	☲
乾爲天 건위천		坤爲地 곤위지		坎爲水 감위수		離爲火 이위화	
澤7	☱	雷3	☳	山8	☶	風4	☴
風4	☴	山8	☶	雷3	☳	澤8	☱
澤風大過 풍택대과		雷山小過 뇌산소과		山雷頤 산뢰이		風澤中孚 풍택중부	

❶ 吉象〈43〉

得令^且^形勢가 有情하면,

主出′

(1) 喜愛′音樂·圖畫(도화;미술)^等의
高尙藝術(고상예술)之^人이나,

(2) 出′名音樂家(;3)·

(3) 聲樂家(성악가;3)·

(4) 畫家(화가;4)이고;

*喜(기쁠 희)
*愛(사랑 애)
*尙(높을 상)

❷ 凶象〈43〉

失令^且^形勢가 無情하면,

主出′

耽(탐)′於^

(1) 鄭聲(정성; 음란한 음악)·春宮(춘궁; 桃色畫)^

*耽(즐길 탐)
*鄭(나라 이름 정)
*桃(복숭아 도)
*優(넉넉할 우)
*伶(영리할 령)
*娼(매춘부 창)
*妓(기생 기)

等의 色情之人(색정지인)이나,
(2) 或^出´優伶娼妓(우령창기; 3류 연예인))이다。

(1) 先天八卦로는
〈巽震〉이 相對(;멀지만 마주하므로 오히려 가까움)하고,

(2) 後天八卦로
〈巽震〉은 五行이 皆^屬´〈㊍〉인,
故^曰´
「相薄(상박; 가까운 사이)」·「成林」이다。

*薄(엷을 박)

'章仲山(장중산; 淸代에 현공풍수 대가)'의 註에;
「'王謝(왕사; 거부의 두 王씨와 謝씨)'와
'陶朱(도주; 거부)'는,
皆^言´砂水峰巒인 體와 用이
兼得之^妙이다。」

*章(글 장)
*仲(버금 중)
*謝(사례할 사)
*陶(질그릇 도)

四運時에,
❶ 吉象〈43〉
〈4綠〉이
在^山에는 要^有´山[; 旺山]이고,
在^水에는 要^有´水[; 旺向]이고,
加以^山水形勢가 秀麗(수려)하면,
必^主´富貴이다。

*陶(질그릇 도)
*巒(뫼 만)
*兼(겸할 겸)

❷ 凶象〈43〉
反´之하여,
若^
要山에 無山이고·要水에 無水이거나,
或^山水顚倒(산수전도; 불합국)이거나,

*顚(거꾸로 전)
*倒(넘어질 도)
*收(거둘 수)
*退(물러날 퇴)

或^(4운에)收得´〈3碧〉의 山水(;爲´退氣)는,
必^人財(; 人丁과 財物)가 兩退이다。

若^
〈3碧〉方에
有´「探頭山(탐두산; 窺峰[규봉])」·
「穿砂(천사)」·
「刺面山(자면산)」은
主/出´
(1) 賊盜(적도)이고;
〈4綠〉方에
有´
「挽籃山(만람산)」·「反弓水」이거나
又^失令이면,
主/出´
(1) 乞丐(걸개; 거지)·
(2) 漂泊無依(표박무의; 떠돌이)之^人이다。

*探(찾을 탐)
#窺(엿볼 규)
*穿(뚫을 천)
*刺(찌를 자)

*挽(당길 만)
*籃(바가지 람)
*乞(빌 걸)
*漂(떠돌 표)
*泊(머무를 박)
*依(의지할 의)

20. 〈 -9㊋ 〉〈 -5㊏ 〉/〈 -7㊎ 〉; 음독(飮毒)

紫黃毒藥(자황독약), 鄰宮兌口休嘗(인궁태구 휴상) °

*鄰(이웃 린)=隣
*休(~마라 휴)
*嘗(맛볼 상)

〈 -9㊋(;藥) 〉〈 5㊏(;毒) 〉은 독약(毒藥)이므로, 〈 -7㊎(;입) 〉을 추가하여 만나지 마라.

[鐘註]

「紫黃毒藥(자황독약),
鄰宮兌口休嘗(인궁태구 휴상)」이란,
〈 9紫㊋ 〉는 主´烈性之物(열성지물)이고,
〈 5黃 〉은 爲´毒煞(독살)이고,
〈 7兌 〉은 爲´口로,
若^
挨星(애성)이 逢´〈수⑨七〉은,
主/服(복; 먹다)´
(1) 毒藥(독약) •
(2) 嗎啡(마배; 모르핀) •
(3) 鴉片(아편; 阿片[아편]) •
(4) 强力膠(강력교; 본드, 강력접착제) •
(5) 吃(흘; 먹다)´迷幻藥(미환약) •
(6) 打毒品針(타독품침; 마약주사)이다.

*烈(세찰 렬)
*毒(독 독)
*服(먹을 복)
*嗎(꾸짖을 마)
*啡(코고는소리 배)
*鴉(갈까마귀 아)
*阿(언덕 아)
*膠(아교 교)
*吃(먹을 흘)
*迷(미혹할 미)
*幻(변할 환)

【鐘新解】

〈9紫離〉는
〈㊋〉로,
味(미; 맛)은 苦(고)하고
性은 烈로,
與^〈5黃毒氣〉와 合하여 爲´毒藥(독약)이다。

*味(맛 미)
*苦(쓸 고)
*烈(세찰 렬)

〈9紫離〉는

為´雉(치; 美의 의미)·

為´慾火(욕화; 色情)이고,

可^引申(인신; 파생된 의미)´

為´

(1) 風韻猶存(풍운유존; 중년의 귀부인의 바람)的^婦人·

(2) 慾火(욕화)로 焚身(분신; 사랑에 불탐)的^中年婦人·

(3) 流鶯(유앵; 매춘부)이다。

*雉(꿩 치)
*慾(욕심 욕)
*韻(운 운)
*猶(오히려 유)
*焚(불사를 분)
*流(흐를 류)
*鶯(꾀꼬리 앵)

凡^

〈75(57)〉·〈95(59)〉이거나

或^〈579〉가 同宮하면,

從(종; ~따라)^卦象하여 推(추)하면,

均^有´

(1) 吸食毒品(흡식독품)·

(2) 服毒(복독)·

(3) 性病(성병)·

(4) 淫亂(음란)·

(5) 火災(화재; 화상도 포함)的^意義(; 의미)이다。

*從(따를 종)
*推(추측할 추)
*吸(숨들이쉴 흡)
*服(먹을 복)
*淫(음란할 음)
*亂(어지러울 란)

所^應이 為´何項(하항; 어떠한 吉凶 항목)는,

要^視´得令·失令^及^

飛星이 臨方的^實際形勢(; 砂水)으로

而^定이다。

*項(목 항)
*視(볼 시)

❷ 凶象〈59〉

失令이면, 多^主´

(1) 淫亂(음란;9)·

(2) 吸食毒品(흡식독품;5)이다。

有´
神廟(신묘; 뾰족한 추녀)·
紅屋(홍옥)·
爐冶窯灶(노야요조)·
路沖(노충; 槍殺[창살])·
流水가 激射(격사)이면,
多^主´
(1) 火災(화재; 火傷도 포함)·
(2) 服毒(복독)이다。

*廟(사당 묘)
*爐(화로 로)
*冶(대장간 야)
*窯(가마 요)

有´
坑廁(갱측; 야외 변소)의 汚穢物(오예물)이면,
多^主´
(1) 性病(성병)·
(2) 藥物中毒(약물중독)이다。

*坑(구덩이 갱)
*廁(뒷간 측)
*汚(더러울 오)
*穢(더러울 예)

〈9紫〉는
為´後天之^〈㊋〉이고,
卦는 配´〈離〉이고·
為´中女(; 중년여성)·
為´眼目(안목; 눈)·
為´心(; 심장의 의미도 있음)이고,
有´慾火之意(욕화지의; 色慾)이다。
〈5黃〉은
為´病毒(병독)이고,
為´死亡(사망)이다。

*配(아내 배)
*慾(욕심 욕)

在^衰運(쇠운)之時에,
若^

挨星이〈95〉·〈75〉·〈795〉會合이고,
又^有´
抱肩(포견)·
掀裙(흔군)·
獻花(헌화; 開脚)之^山이나,
斜飛(사비)·
搖頭擺尾(요두파미; 水形이 물결모양)之^水가
以^應이면,
主出´
(1) 尋花問柳(심화문류; 음탕)·
(2) 性關係가 隨便之人(수편지인; 제멋대로 행동)으로,
(3) 身은 染(염)´性病·色癆(색로; 결핵)이다。

*抱(안을 포)
*肩(어깨 견)
*掀(치켜들 흔)
*裙(치마 군)
*獻(바칠 헌)
*搖(흔들릴 요)
*擺(열릴 파)
*染(물들일 염)
*癆(중독 로)

《玄空秘旨》에 云하기를 ;
『丁(9㊋)이 近´傷官(상관; 2未㊏),
人財가 因^之하여 耗乏(모핍)이다。』의
挨星之^〈5黃〉이,
在^中宮는 爲´〈㊏〉이지만,
若^飛出인, 則^爲´〈㊋星(9)〉이다。

*耗(소비할 모)
*乏(가난할 핍)

〈95〉가 相會이고,
火星(; 형기론)이 重疊(중첩)이면,
主´火災이다。
又;
山形이
粗大(조대)·
尖聳(첨용)·
巉岩(참암)·
形惡(형악)者는,
爲´'廉貞星(염정성; 형기)'인데,

*疊(겹칠 첩)

*粗(거칠 조)
*尖(뾰족할 첨)
*聳(솟을 용)
*巉(가파를 참)
*岩(바위 암)
*排(밀칠 배)
*到(이를 도)

挨星(애성) 〈9紫〉 가 排到(배도)이면,
主有´
(1) 火災之應이다。

陽宅에서 挨星이 〈95〉 之^方에는,
不宜^安(; 놓다)´
爐灶(노조)·
瓦斯筒(와사통; 가스통),
漆紅色(칠홍색)이고,
或^有´屋角(; 집 모서리)이 尖射(첨사)이다。

*爐(화로 로)
*灶(부엌 조)
*瓦(기와 와)
*斯(이 사)
*筒(대롱 통)
*漆(옻 칠)
*射(쏠 사)

又; 〈9紫㊋〉 의
味(미)는 苦(고)이고,
象은 藥(약; 醫藥, 火藥, 爆藥[폭약])인데,

*味(맛 미)
*苦(쓸 고)
*藥(약 약)

與^廉貞毒火(염정독화; ㊋星)이 相會이면,
亦^主´
(1) 砲彈(포탄)·
(2) 炸藥(작약)·
(3) 烈性藥品(열성약품)이다。
其他^尚^有´
(1) 美人計(미인계)·
(2) 仙人跳(선인도; 미인계)·
(3) 劫機事件(겁기사건; 비행기 납치)^
等의 意象이다。

*廉(청렴할 렴)
*貞(곧을 정)
*砲(대포 포)
*彈(탄알 탄)
*炸(터질 작)
*烈(세찰 렬)

*跳(뛸 도)
*劫(위협할 겁)

巒頭基本圖形(만두기본도형)

體 / 用	金	木	水	火	土
五星正體	 圓	直	曲	尖	方
楊公九星	 高 무곡(武曲)	 高大 탐랑(貪狼)	 如蛇行 문곡(文曲)	 如火焰 염정(廉貞)	 端正方整 거문(巨門)
	 氏 좌보(左輔)		 蛛絲馬跡 우필(右弼)	 頭高氏尾 파군(破軍)	 上方下散 녹존(祿存)
廖公九星	 如月 태음(太陰)	 上金下木 고요(孤曜)	 上金多水 금수(金水)	 上圓下尖 천강(天罡)	 雙腦 展誥
	 身高頭圓 태양(太陽)	 高直尖圓 자기(紫氣)	 彎曲活動 소탕(掃蕩)	 尖銳斜欹 尖 尖 조화(燥火)	如馬 천재(天財)
廖公變體九星	 如燕巢 開口太陽	 如帶劍 弓脚紫氣	 如蛇行 平面掃蕩	 金鷄鼓翅 雙臂天罡	 上鼓下瓜 祿存
	 仙人蹺足 弓脚太陽	 旂=旗 出陣貪狼	 如梅花 金水	 如令旗 開口燥火	 如螃蟹
	 如麒麟 懸乳太陽	 如拜笏 平面紫氣	 如紗帽 左掃蕩	 如虎形 雙臂燥火	 如牙梳 天財
	 如鏡如月 平面金	 如駱駝 側腦紫氣	 如飛鵝 懸乳金水	 如牛出欄 側腦燥火	 如伏虎 平腦雙臂

21. 〈 -7㊎ 〉⇦〈 5㊏ 〉; 口부터 肺까지 질병(疾病)

酉辛年(유신년), 戊已弔來(무기조래), 喉間有疾(후간질병) 。

*弔(걸 조)
*喉(목구멍 후)
*疾(병 질)

〈酉辛7赤㊎〉과 〈⇦戊已5黃㊏〉이 만나면, 목구멍에 질병이 발생한다.

[鐘註]

「酉辛年(유신년), 戊已弔來(무기조래),
喉間有疾(후간질병)」

「酉辛(; 7㊎)」은 屬´〈兌卦〉이고,
爲´
口(;입)・
氣管(기관; 4; 7兌의 先天은 4巽)・
食道(식도)・
鼻(비;8; 호흡하는 코의 의미)인데,

*弔(걸 조)=조
*喉(목구멍 후)
*疾(병 질)
*管(관여할 관)
*鼻(코 비)

若^
加(가; 추가)´〈5黃(; 戊已㊏)〉이 相會하면,
主´
上述(상술; 위에서 말한 것)^器官(기관)에
(1) 腫瘤(종류; 종양)・
(2) 癌症(암증)이다.

*述(지을 술)
*器(그릇 기)
*官(벼슬 관)
*腫(부스럼 종)
*瘤(혹 류)
*癌(암 암)
*症(증세 증)

【鐘新解】

〈7赤〉은
爲´先天〈㊋〉數이며,
配´〈兌〉卦이고,
爲´刑曜(형요; 형법 담당)이며,
其^性은 剛鋭肅殺(강예숙살)로;

*剛(단단할 강)
*銳(날카로울 예)
*肅(엄숙할 숙)
*媵(몸종 잉)
*妾(첩 첩)

爲´
少女(소녀)·媵妾(잉첩)·
娼妓(창기)·優伶(우령; 광대)이며;
於^人身에는 配´口이다。

*伶(배우 령)

〈5黃〉은
爲´瘟毒(온독; 열과 독)으로,
在^中宮에서는 爲´戊己(무기; ㊏)이지만,
飛出하면 爲´獨火(9)이다。

*瘟(염병 온)

《秘本》에
以^〈5〉와〈7〉은
爲´九星中에 最凶之^大煞로,
當^其^得令之^時이라도
亦^喜´形勢가 端正平和(단정평화)이고,
最^忌´形勢가 險惡^
又^値(치)´失令이다。

*端(바를 단)
*險(험할 험)

3 9 五	7 5 一	5 7 三
4 8 四	-2+1 ㊅	9 3 八
8 4 九	6⑥ 二	1 2 七
六運 壬坐丙向 ▲雙星會坐		

1 2 五	6⑥ 一	8 4 三
9 3 四	+2-1 ㊅	4 8 八
5 7 九	7 5 二	3 9 七
六運 子坐午向 ⊙雙星會向		

‘劉訓昇(유훈승)’의
《陰陽學》에 載(재)인데;
『〈57〉이 同宮하고,
有´死氣의 山水이면,
除^〈5〉와〈7〉兩類의 不幸(불행)^外에,

*訓(가르칠 훈)
*昇(오를 승)
*載(실을 재)

*喉(목구멍 후)
*腔(속 빌 강)
*煙(연기 연)

並^主´
舌癌(설암)·
脣癌(순암)·
喉癌(후암)·
口腔癌(구강암)·
肺癌(폐암)·
大腸癌(대장암)·
吸毒(흡독)·
服毒(복독)·
飮食中毒(음식중독; 식중독)·
女童煙毒癌症(아동 연독암증)^
或^毒瘡(독창)이다。
如^水形이 凶惡이면,
主´
毒殺(독살)´女童(여동)이다。』

*瘡(부스럼 창)

從(종)^卦象하여 引申(인신)하면,
〈57〉은
尙^主´
(1) 性病(성병)이고,
(2) 嫖賭飮吹(표도음취)으로 破家(파가)·
(3) 車禍(차화)·
(4) 刀殺(도살)·
(5) 死刑(사형)·
(6) 戰禍(전화)·
(7) 火災(화재;9)·
(8) 跛眇缺脣(파묘결순)·
(9) 肢體畸形殘障(지체 기형잔장)
^等의
疾厄凶災(질액흉화)이다。

*嫖(음란할 표)
*賭(도박 도)
*吹(불 취)

*跛(절뚝발이 파)
*眇(애꾸눈 묘)
*缺(이지러질 결)
*厄(액앙 액)
*災(재앙 재)

《飛星賦》[原註]에;
『〈兌(7)〉는 爲´少女이고,
爲´媵妾(잉첩; 몸종)이다。
〈離(9)〉는 爲´心(; 심장)이고·爲´目(; 눈)이다。
心(;9)이 悅(열; 기쁨;7)한 少女는,
淫象(음상)也이다。
〈5黃〉의 性은 毒인,
故^
主患´楊梅瘡毒(양매창독; 성병;795)이다。』

*媵(몸종 잉)

*楊(버들 양)
*梅(매화나무 매)
*瘡(부스럼 창)
*毒(독 독)

〈75〉·〈95〉가
衰運(쇠운)에 逢´之하고,
又^落´於^汚穢處(오예처)이면, 主患´性病이다。
又^〈7赤㊎〉은 爲´口이고,
〈⇦5黃毒㊏〉가 生(; 상생)´之하므로,
亦^主´
吸食毒品(흡식독품; 마약중독)이다。

*衰(쇠할 쇠)
*逢(만날 봉)

*汚(더러울 오)
*穢(더러울 예)
*吸(숨들이쉴 흡)

「酉辛年(유신년;7)」이란,
暗指´
地盤(; 運盤)之^〈兌宮〉이나
或^飛星之^〈7赤〉方이고;

*暗(어두울 암)
*指(손가락 지)

衰運時(쇠운시)的^
〈7兌宮〉이나 或^〈7赤〉方에,
逢´〈5黃〉이 飛臨하면,
主´喉症(후증)인데;
〈7赤兌〉는
爲´口이며,
屬(속)´'<u>肺經(폐경)</u>'하여,

*肺(허파 폐)
*包(쌀 포)
*括(묶을 괄)
*整(가지런할 정)
*個(낱 개)
*呼(부를 호)
*吸(숨 들이쉴 흡)
*系(이을 계)
*統(큰 줄기 통)

包括(포괄)´
整個(정개; 모든)^<u>呼吸系統(호흡계통; 4)</u>이다。

喉症(후증)에는 有;
(1) 喉頭炎(후두염)·
<u>(2) 扁桃腺炎(편도선염)</u>·
(3) 喉頭癌(후두암)·
(4) 咽頭炎(인두염)·
(5) 白喉(백후)
^等의 症이다。

其^實^〈75〉가
所主的^病症(병증)은
還(환; 또한)^包括(포괄)´
<u>(1) 聲帶(성대;3,4)·</u>
<u>(2) 氣管(기관;4)·</u>
<u>(3) 肺部(폐부;6,7)·</u>
<u>(4) 口腔(구강;7)·</u>
<u>(5) 橫隔膜(횡경막)·</u>
<u>(6) 肋膜(늑막)·</u>
<u>(7) 牙齒(아치; 치아;7)</u>
^等의 部位的^疾患(질환)이다。

*扁(넓적할 편)
*桃(복숭아 도)
*癌(암 암)
*炎(염증 염)
*症(증세 증)

*包(쌀 포)
*括(묶을 괄)
*聲(소리 성)
*帶(띠 대)
*腔(속빌 강)
*橫(가로 횡)
*隔(사이뜰 격)
*膜(막 막)
*肋(갈비 늑)
*牙(어금니 아)
*齒(이 치)
*疾(병 질)
*患(근심 환)

22. 〈-1㊌〉 ← 〈5㊏〉; 생식기 질병·불임·유산

> 子癸歲(자계세), 廉貞飛到(염정비도),
> 陰處生瘍(음처생양)。

*廉(청렴할 렴)
*瘍(종기 양)

> 〈1子癸㊌〉이 〈5廉貞㊏〉을 만나면,
> 생식기(生殖器)에 질병이 생긴다.

*殖(번성할 식)

[鐘註]

「子癸歲(자계세), 廉貞飛到(염정비도),
陰處生瘍(음처생양)」이란,

〈1白㊌〉는 爲´

(1) 膀胱(방광)·
(2) 腎(신; 콩팥)·
(3) 骨髓(골수)·
(4) 睾丸(고환)·
(5) 子宮(자궁)·
(6) 生殖器(생식기; 外陰部)·
(7) 卵巢(난소)

等^ 下部的^器官(기관)으로,

*膀(방광 방)
*胱(오줌통 광)
*腎(콩팥 신)
*髓(골수 수)
*睾(못 고)
*丸(알 환)
*殖(번성할 식)
*器(그릇 기)
*卵(알 란)
*巢(집 소)

若(약; 만약)^
和(;와)^ 〈5黃㊏〉가 一起(;집합)는,
會生´上述器官(상술기관)에

(1) 潰爛(궤란; 궤양; 진무르다)·
(2) 發炎(발염; 염증)이나
(3) 或^癌症(암증)之^疾病이다.

*潰(무너질 궤)
*爛(문드러질 란)
*炎(불탈 염)

【鐘新解】

〈1白坎〉은 爲´腎(신; 신장)이고,
在´北方이고,

*腎(콩팥 신)
*暗(어두울 암)

陰暗(음암)이고,
位(;지위)가 下이다。
〈5黃〉은 乃´毒素(독소)로,
主´
膿血(농혈)·腫瘤(종류)이다。

「陰處生瘍(음처생양)」이란,
不僅(부근; 뿐만 아니라)^
指´
(1) 泌尿生殖器疾患(비뇨생식기질환)^
(2) 性病(성병;
(2-1) 膀胱炎·陰囊水腫[음낭수종]·
(2-2) 扁平濕[편평습; 매독2기]·
(2-3) 淋病[임병; 임질]·
(2-4) 梅毒[매독]·
(2-5) 下疳(하감; 가래톳)·
(2-6) 前列腺炎[전열선염; 전립섬염]·
(2-7) 黃痃[황현])이다。

更^由^
〈坎〉의 卦象은;
爲´血(혈)·
爲´耳(이)·
爲´腎(신)·
爲´鼠(서; 쥐[子])·
爲´孕(잉; 임신;胎神)·
爲´心病(;심장병;9)·
爲´淫(음)^
等인데,

*膿(고름 농)
*腫(부스럼 종)
*瘤(혹 류)

*僅(겨우 근)

*泌(흐를 비)
*尿(오줌 뇨)
*囊(주머니 낭)
*腫(부스럼 종)
*扁(넓적할 편)
*濕(축축할 습)
*淋(물 뿌릴 림)
*梅(매화나무 매)
*疳(소화불량 감)

*線(줄 선)
*炎(염증 염)

*痃(힘줄땅길병 현)

*鼠(쥐 서)
*孕(아이밸 잉)
*胎(아이 밸 태)
*淫(음란할 음)

引伸(인신; 파생되다)´之하면,
尙(;또한)^包括(포괄)´
(1) 鼠疫(서역; 흑사병)·
(2) 心肌梗塞(심기경색; 심근경색)·
(3) 冠狀動脈硬化(관상동맥경화)·
(4) 心瓣膜炎(심판막염)·
(5) 貧血(빈혈)·
(6) 血癌(혈암)·
(7) 糖尿病(당뇨병)·
(8) 尿毒(요독)·
(9) 尿失禁(요실금)·
(10) 盜汗(도한; 식은땀)·
(11) 遺精(유정)·
(12) 早洩(조설; 조루증)·
(13) 陽痿(양위; 성교불능)·
(14) 流産(유산)·
(15) 不孕症(불잉증)·
(16) 卵巢炎(난소염)·
(17) 子宮筋腫(자궁근종)·
(18) 無月經(무월경)·
(19) 子宮內膜炎(자궁내막염)·
(20) 子宮癌(자궁암)·
(21) 中耳炎(중이염)·
(22) 耳聾(이롱;7)·
(23) AIDS·
(24) 痴呆症(치매증;6)·
(25) 酒精中毒(주정중독; 알코올 중독)·
(26) 睾丸癌(고환암)·
(27) 腎癌(신암)이다。

*引(끌 인)
*伸(펼 신)
*鼠(쥐 서)
*疫(염병 역)
*肌(근육 기)
*梗(막힐 경)
*冠(갓 관)
*瓣(꽃잎 판)
*貧(가난할 빈)
*癌(암 암)
*糖(사탕 당)
*尿(오줌 뇨)
*盜(훔칠 도)
*汗(땀 한)
*遺(남을 유)
*早(새벽 조)
*洩(샐 설)
*痿(저릴 위)
*卵(알 란)
*巢(집 소)
*炎(염증 염)
*筋(힘줄 근)
*腫(부스럼 종)
*膜(막 막)
*聾(귀머거리 롱)
*痴(어리석을 치)
*呆(어리석을 매)
*睾(불알 고)
*丸(알 환)

《秘本》에 云하기를;
『山에 臨´〈5黃〉이면 少(; 적다)´人丁이다。』
除^五運之^外에,
凡^收´山이 得´〈5黃〉이면,
皆^主´人丁이 不旺하다。

若^更^
〈5·1〉이 會合한,
則〈1白㊌〉胎神(태신)이
受´〈←5黃㊏〉의 剋制(;상극으로 통제)이면,
非但(비단)^不利´丁口(;)이고,
甚至(심지)^有´
(1) 不孕(불잉; 불임)·
(3) 絶嗣之虞(절사지우; 자손이 끊김)이다。
(3) 亦^主損´壯丁(장정; 성인)이다。

挨星(애성)이 〈51〉之^方은
絶對^不可^安(; 놓다)´床(상; 침대)이고,
主´
孕婦(임부; 임산부)가 受´災이다。

挨星(애성; 飛星)이
山星〈1〉과
水星〈⑤〉之^處에는,
最^忌´
古樹(고수; 老巨樹)·神廟(신묘; 사당;9)·
屋角(옥각; 집모서리)이나 獸頭(수두)가 尖射하면,
主´
(1) 中毒(중독)·
(2)瘋狂(풍광; 정신병자)이며。

*秘(숨길 비)
*臨(임할 림)
*少(적을 소)
*除(제외할 제)
*凡(대체로 범)
*收(거둘 수)
*皆(모두 개)

*若(만약 약)
*胎(아이밸 태)

*甚(심할 심)
*至(이를지)

*孕(아이 밸 잉)
*嗣(이을 사)
*虞(슨심할 우)
*損(덜 손)
*壯(씩씩할 장)

*挨(밀칠 애)
*床(침상 상)
*孕(아이밸 잉)
*婦(며느리 부)
*受(받을 수)
*災(재앙 재)

*樹(나무 수)
*神(귀신 신)
*廟(사당 묘)
*屋(집 옥)
*角(모서리 각)
*獸(짐승 수)
*頭(머리 두)
*尖(뾰족할 첨)
*射(쏠 사
*瘋(미칠 풍)
*狂(미칠 광)
*逼(닥칠 핍)

射(사)

亦^
忌(기)´
逼近(핍근)之^
尖峰大石(첨봉대석)이다。

*亦(또 역)
*忌(꺼릴 기)
*逼(닥칠 핍)
*近(가까울 근)
*尖(뾰족할 첨)
*峰(봉우리 봉)

〈1白坎〉은
爲´中男·
爲´隱伏(은복)·
爲´鹽鹵(염로; 바다소금)이다。
〈5㊏黃〉은
爲´病毒(병독)·
爲´膿血(농혈; 피고름)이다。

*隱(숨길 은)
*伏(엎드릴 복)
*鹽(소금 염)
*鹵(소금 로)
*膿(고름 농)

主´
(1) 食物中毒(식물중독; 식중독)·
(2) 酒精中毒(주정중독)·
(3) 性病·陽痿(양위; 성교불능)·
(4) 花柳性病(화류성병)·
(5) 尿毒(요독)·
(6) 血癌(혈암;9)·
(7) 妊娠中毒(임신중독)·
(8) 流産(유산)·
(9) 胎死腹中(태사복중)·

*痿(저릴 위)
*柳(버들 류)
*妊(아이밸 임)
*娠(이이밸 신)
*瘤(혹 류)
*睾(불알 고)
*丸(알 환)
*葡(포도 포)
*萄(포도 도)
*畸(뙈기밭 기)
*怪(기이할 괴)
*痃(積聚 현)
*攝(당길 섭)
*護(보호할 호)

(10) 子宮腫瘤(자궁종류)·

(11) 子宮癌(자궁암)·

(12) 睾丸發炎(고환발염)·

(13) 睾丸癌(고환암)·

(14) 葡萄胎(포도태; 畸形怪胎[기형괴태];5)·

*腫(부스럼 종)

(15) 結核病(결핵병;7)·

(16) 橫痃(횡현; 가래톳)·

(17) 攝護腺腫大(섭호선종대; 전립선비대)

^等의 病이다。

又^主´

(1) 溺死(익사)·

(2) 謀殺(모살)·

(3) 販毒(판독; 마약판매상)·

(4) 猝死(졸사; 돌연사망)·

(5) 痴呆(치매; 기억상실증;6)이다。

*溺(빠질 닉)
*謀(꾀할 모)
*販(팔 판)
*猝(갑자기 졸)
*癡(어리석을 치)
*呆(어리석을 매)

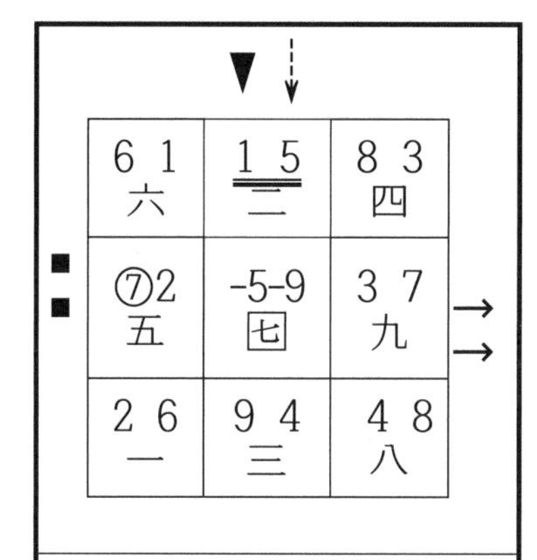

七運에
卯山酉向·乙山辛向에서,
離方의 挨星은〈1⑤〉인데,
該方에
忌´尖射之物(첨사지물)이다。

*尖(뾰족할 첨)
*射(쏠 사)

忌´明水(;보이는 물)이 斜射(사사)이면,
主´上述之^病災(병재)이고,
又^主´
(1) 桃花(도화)이다。

*述(지을 술)
*災(재앙 재)
*桃(복숭아 도)
*舊(예 구)
*庭(뜰 정)
*糾(꼴 규)

(2) 舊病이 復發(부발;재발)이고.

(3) 家庭(가정)이 糾紛(규분)이다。

*紛(어지러울 분)

23 〈 +3㊍ 〉 ➔ 〈 -2㊏ 〉; 소화불량, 위장병

豫(예), 擬食停(의식정) 。

*豫(미리 예)
*擬(헤아릴 의)
*停(머무를 정)

豫(예; [雷(3)地(2)])卦는, 음식이 정체(停滯; 소화불량)된다

*滯(막힐 체)

[鐘註]

「豫(예),
擬食停(의식정)」이란,
〈3震〉은 代表'
膽汁(담즙)^與^活力(활력)이다.
〈2坤〉은 代表'
腹部(복부)^與^脾胃(비위)이다.
〈3㊍➔〉이 剋'〈2㊏〉는,
會生'
(1) 膽汁分泌(담즙분비)가 不正常(불정상)이나,
(2) 精神緊張(정신긴장)的^消化不良(소화불량)이고,
(3) 脾胃(비위)가 無力하여,
(4) 積食(적식; 체하다),
(5) 腹脹(복창; 복부팽만증)的^疾病(질병)이다.

*膽(쓸개 담)
*汁(즙 즙)
*腹(배 복)
*脾(지라 비)
*胃(밥통 위)
*泌(물흐를 비)
*緊(굳게 얽을 긴)
*張(베풀 장)
*積(쌓을 적)
*脹(배부를 창)

24. 〈 -2㊏ 〉⇨〈 -7㊎ 〉; 설사

臨(임), 云泄痢(운설리) 。

*泄(샐 설)
*痢(설사 리)

「地澤臨(지택림; 27)」은,
설사병이다.

[鐘註]

〈-2黑坤〉은 爲´〈㊏〉〉이고,
〈-7赤兌〉는 爲´〈㊎〉으로,
〈㊏生⇨㊎〉은
爲´洩(설; 새다)안데,
若^
失令(실령)的^〈27〉이 相配(상배)한,
則^
病(; 2黑)은 從(종; 부터)^口(; 7赤)하여 入으로,

*洩(샐 설)=泄(설)
*配(아내 배)
*從(좇을 종)

主´
(1) 因^食物中毒(식물중독; 식중독) ·
(2) 吃(흘; 먹다)´刺激品(자격품; 자극성식품) ·
(3) 感冒(감모; 감기; 傷寒細菌(상한세균; 장티푸스 세균)이 隨^口水[;침]하여 呑入[탄입]´胃腸裡[위장리; 위장속])하여,
而^導致(도치; 초래하다)´下痢(하리; 설사병)이고,
「臨(임), 云泄痢(운설리)」인데,
因(인; 왜냐하면)^
〈2坤〉은 爲´黑(흑)이고,
〈7兌〉는 爲´
赤(적; 先天的^7星〈㊋〉인,

*毒(독 독)
*吃(먹을 흘)
*刺(찌를 자)
*激(자극할 격)
*冒(내뿜을 모)
*傷(상처 상)
*寒(찰 한)
*隨(따를 수)
*呑(삼킬 탄)
*裡(속 리)
*泄(샐 설)
*痢(설사 리)
*黑(검을 흑)
*紅(붉을 홍)
*蓄(쌓을 축)
*血(피 혈)
*熱(더울 열)
*腸(창자 장)

故^是´紅色)・

白(백; 後天的^7星〈㊎〉인,

故^是´白色)인데,

因^此^

(1) 下泄(하세)的^大便(대변)은 是´

黑色(흑색; 蓄血[축혈])・

白色(백색; 大腸虛[대장허])・

赤色(적색; 血熱[혈열])・

(2) 急性(급성)・慢性腸炎(만성장염)이다.

*虛(빌 허)
*急(급할 급)
*慢(게으를 만)

【鐘新解】

〈2黑坤㊏⇨〉는

爲´腹(복; 배)인데,

生´〈7赤兌㊎〉하여 爲´口(; 입)인데,

若^

失令・山水顚倒(산수전도; 불합국)인,

則^爲´腹瀉之症(복사지증)이다。

腹瀉(복사)的^原因(원인)은

是´由於(유어;~인하여)^水分이 經(;통함)´口하여

飮入(음입; 음식이 들어옴)인데,

若^

小腸(;9)・大腸(;7)的^腸液(장액)의

分泌(분비)가 亢進(항진)이나或^吸收(흡수)가

不全^而^形成이다。

*顚(넘어질 전)
*倒(넘어질 도)
*瀉(쏟을 사)

*飮(마실 음)
*液(진 액)
*泌(흐를 비)
*亢(오를 항)
*吸(숨 들이쉴 흡)
*收(거둘 수)

腹瀉(복사)는 有´

A急性(급성);

① 單純性急性腸炎(단순성급성장염)

(細菌[세균]・濾過性病毒[과민성병독]・

*急(급할 급)
*純(순수할 순)
*細(가늘 세)
*菌(버섯 균)
*濾(거를 려)
*寄(부칠 기)
*染(물들일 염)

寄生蟲[기생충]·

眞菌引起的感染性腸炎[진균인기적감염성장염]^及^

過飮啤酒與其他酒類[과음비주여기타주류]·

睡眠時著涼[수면시저량]·

食物異常敏感體質[식물이상민감체질]로

引起的^非感染性腸炎[비감염성장염])。

② 食物中毒(식물중독)

(葡萄球菌毒素[포도구균독소]·

薩爾毛內拉菌[살이모내랍균]·

病原大腸菌[병원대장균]·

腸炎畢布里歐菌[장염필포리구균]·

維魯休菌[유로휴균]·

色球里奴斯菌引起[색구리노사균인기])。

③ 赤痢(적리)。

④ 霍亂(곽란)。

*啤(맥주 비)
*酒(술 주)
*睡(잘 수)
*眠(잠잘 면)
*著(분명할 저)
*涼(서늘할 량)
*敏(재빠를 민)
*葡(포도 포)
*萄(포도 도)
*球(공 구)
*薩(보살 살)
*爾(너 이)
*拉(당길 랍)
*畢(마칠 필)
*歐(토할 구)
*維(바 유)
*魯(노둔할 로)
*奴(종 노)
*斯(이 사)
*痢(설사 리)
*霍(빠를 곽)

B慢性(만성);

① 小腸的^弗隆病(불융병)·

吸收不良症候群(흡수불량 증후군)。

② 大腸的^潰瘍性大腸炎(궤양 성대장염)·

腸結核(장결핵)·庫倫病(고륜병)·

大腸癌(대장암)·直腸癌(직장암)。

③ 其他消化系統疾患(기타 소화계통질환)

(膽囊炎[담낭염]·胰腸炎[이장염]。)

④ 全身疾患

(甲狀腺功能亢進[갑상선 공능항진]·

副腎功能不全[부신공능 부전]·

再生不良性貧血[재생불량성 빈혈]·

*慢(게으를 만)
*弗(아닐 불)
*隆(클 륭)
*吸(숨들이쉴 흡)
*收(거둘 수)
*候(물을 후)
*群(무리 군)
*潰(무너질 궤)
*瘍(종기 양)
*庫(창고 고)
*倫(인륜 륜)
*癌(암 암)
*消(사라질 소)
*膽(쓸개 담)
*囊(주머니 낭)
*胰(등심 이)
*狀(형상 상)
*亢(목 항)
*副(버금 부)

藥物引起[약물인기; 약물중독]·
胃腸手術後遺症[위장수술 후유증])。

⑤ 神經症(; 過敏性大腸炎)。

古代所說的^泄痢(설리; 설사)는, 通常(통상)으로
是指´
急性腹瀉的赤痢(급성복사적 적리)·霍亂(곽란)이다。

*腎(콩팥 신)
*貧(가난할 빈)
*遺(끼칠 유)
*敏(재빠를 민)
*泄(샐 설)
*痢(설사 리)
*癨(곽란 곽)

'沈祖緜(심조면)' 은 云하기를;
「〈-坤2〉은 爲´老母이고,
〈-兌7〉는 爲´少女인,
故^原註에서
以^「純陰(; 陰陰;-2-7)」은 目´之이다。

*原(근원 원)
*註(주낼 주)
*純(순수할 순)

❶ 吉象〈27〉
得令者는 由(; ~가)^寡婦(과부)가 致富(치부)하고,

*致(도달할 치)

❷ 凶象〈27〉
失令者는
蕩婦破家(탕부파가)나 或^覡尼(격니)가
耗財(모재; 재산소모)이다。
以^言´
「庶妾이 難投(난투)´
寡母之歡(과모지환)」은,
亦^失令之^一端(일단; 一面)이다。

*蕩(방탕할 탕)
*覡(남자무당 격)
*尼(여중 니)
*耗(줄 모)
*庶(여러 서)
*投(던질 투)
*歡(기뻐할 환)
*端(물건한쪽 단)

按하건대;
〈2黑坤〉이 失令이면
爲´病符(병부; 질병)·
寡宿(과숙; 寡守;과부)이고,
〈7赤兌〉가 失令이면
爲´婢妾娼優(비첩창우)로,
古代的^偏房庶妾(편방서첩)은

*按(살필 안)
*宿(묵을 숙)
*婢(여자 종 비)
*妾(첩 첩)
*娼(기생 창)
*優(광대 우)
*偏(치우칠 편)

沒有(; 없다)´地位로,
當然^
不能得到´當家의 寡母(과모)的^歡心이다。
庶妾·寡母가
暗寓剋妻(암우극처)·好色·剋´主人(; 남편)하여
出´寡婦的^凶事이다。
在^現代에서, 可´引申(; 派生[파생])하면
爲´婆媳不和(파식불화; 고부간에 불화, 모녀간에 불화)이다。

*房(방 방)
*沒(없을 몰)
*歡(기뻐할 환)
*暗(어두울 암)
*寓(머무를 우)
*引(끌 인)
*申(설명할 신)
*婆(시어미니 파)
*媳(며느리 식)

〈27〉之^《河圖》는 五行으로 化´〈㊋〉로,

❶ 吉象〈27〉

生旺이면
主得´
(1) 橫財巨富(횡재거부)·
(2) 出´貴女나 或^
(3) 醫師(의사;2,7)·
(4) 命卜家(명복가;7)이고,

#執(잡을 집)
#刀(칼 도)
*命(운수 명)
*卜(점 복)

❷ 凶象〈27〉

剋煞(극살)이면 主´
(1) 吐血(토혈;79)·
(2) 火災(화재; 또는 화상;279)·
(3) 墮胎(타태; 筆者考證으로 甚^驗[험];129)·
(4) 難產(난산)·
(5) 夭亡(요망; 일찍 사망)·
(6) 橫禍(횡화;9㊋)이다;

*煞=殺
*吐(토할 토)
*墮(떨어질 타)
*甚(매우 심)
*夭(어릴 요)
*禍(불행 화)

《秘本》에 云하기를;
『〈27〉은 合하여 爲´〈㊋〉(; 先天㊋)로,
乘´殺氣(; 이기론)하는데,

*乘(탈 승)
*鳥(새 조)
*焚(불사를 분)
*巢(집 소)

遇´凶山凶水(;형기론)이면,
鳥가 焚(분)´其^巢(소; 새집)^也이다。』

例如로;
[七]運에 甲山庚向[下卦; 상산하수, 복음]는,
向首(; 向宮)가 〈[7]②〉 인데,
若^有´大水가 沖激(충격)·
「剪刀路(전도로; Y자형 도로)」·
「人字路(인자로; 人자형 도로)」인,
卽^爲/
乘´殺氣(; 이기론)·
遇´凶水(; 형기론)이다。

*例(보기 례)
*沖(찌를 충)=衝
*激(빨리흐를 격)
*剪(가위 전)
*乘(탈 승)
*遇(만날 우)

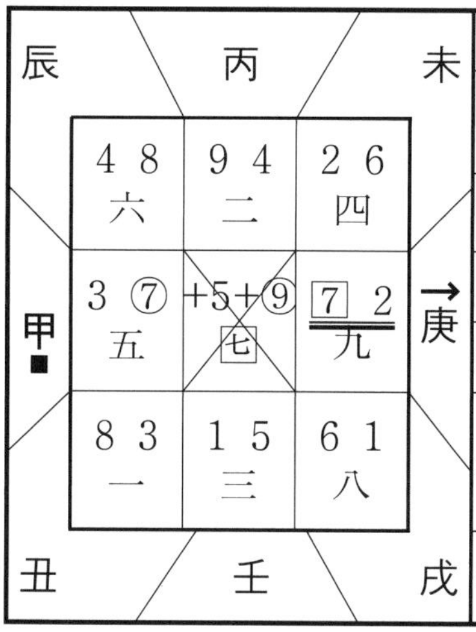

辰		丙		未
	4 8 六	9 4 二	2 6 四	
甲 ■	3 ⑦ 五	+5+⑨ [七]	[7] 2 九	→庚
	8 3 一	1 5 三	6 1 八	
丑		壬		戌

甲														
壬寅			庚寅			戊寅			丙寅			甲寅		
82	81	80	79	78	77	76	75	74	73	72	71	70	69	68

四局	[凶]上山下水·伏吟
地運	40年 ([九]運入[四])
城門	正城門; 未 副城門; 戌
特記	伏吟(; 大凶)

❶ 吉象〈72〉
得令者는,
由(유; ~가)^寡婦(과부)가 致´富이다。
❷ 凶象〈72〉
失令者는,
(1) 蕩婦破家(탕부파가)하거나,
(2) 或^覡尼(격니; 무당;7)에게 耗財(모재;2)이다。

*蕩(쓸어버릴 탕)
*破(깨뜨릴 파)
*覡(박수 격)
*尼(여스님 니)

〈27〉合은 爲´先天之^〈㊋〉인데,

*醫(의원 의)

❶ 吉象 〈72〉

若^當令이고 合局이면,
主′
⑴ 醫卜(의복)으로 興家(흥가)하고。

*卜(점 복)
*興(일 흥)

❷ 凶象 〈72〉

失元이나·乘(승)′殺氣이며,
遇(우)′凶山·凶水이면,
乃′鳥焚其巢(조분기소;
새집에 불이 남;화재 또는 화상)으로,
主′
⑴ 火災이고·
⑵ 流産(유산;1,2,9)이고·
⑶ 血崩(혈붕;1,9)이고·
⑷ 刑獄(형옥;7)으로,
⑸ 婦女가 失和(; 不和)^也이다。

*乘(탈 승)
*焚(불사를 분)
*鳥(새 조)
*巢(집 소)
*崩(무너질 붕)
*刑(형벌 형)
*獄(감옥 옥)
*僅(겨우 근)

❶ 吉象 〈72〉

七運時에,
收水가 得′〈⑦〉이고
又^得′山之^〈2〉가
以^配이면, 定^主′
⑴ 巨富이다。

*收(거둘 수)
*配(아내 배)
*巨(클 거)
*富(풍성할 부)

《秘本(비본; 玄空秘旨를 지칭)》에
以^此는 爲′
『〈天市(; 天市垣;市場;8)〉가
合′〈⇦丙坤(92)〉이면,
富가 堪(감; 할 수있다)′
敵國(적국; 국가를 상대)』이다。

*堪(견딜 감)
*敵(대등할 적)

蓋,

*蓋(대개 개)
*起(일어날 기)

起星(; 체괘) 〈7〉 之^地元은
爲´丙(; 下9)이고.
丑艮(;下8)之^起星(; 체괘)은 爲´ 〈7〉 인데;
丑艮은 乃´ ‘天市垣(천시원)’ 也이다。

*乃(~이다 내)
*垣(담 원)

〈萃卦(; 택지췌괘;72)〉는
有´聚´百物하여 祭(제)´祖先(조선; 조상)하고.
除舊佈新(제구포신; 革;7,8)하고.
聚水防決(취수방결; 載;2)하는
^等의 義(; 의미)이다。

*萃(모일 췌)
*聚(모일 취)
*除(제거할 제)
*舊(예 구)
#載(실을 재)
*佈(펼 포)
*決(터질 결)

❶ 吉象〈72〉

得令合局에는
主´
受´群衆擁戴(군중옹재;2)이고,
爲´
(1) 收藏家(수장가;2)이고,
操´千琴而曉聲(천금이효성; 악기감정;3,7)하고.
操´千劍而識器(천검이식기; 귀금속감정;7)하여,
(2) 博學多聞(박학다문)이다。
(3) 或^因^儲蓄(저축)하여 致富이다。

*擁(안을 옹)
*載(실을 재)
*琴(거문고 금)
*曉(깨달을 효)
*儲(쌓을 저)
*蓄(쌓을 축)
*致(이를 치)

❷ 凶象〈72〉

失令이나. 上山下水이면,
主´
(1) 聚衆滋事(취중자사; 노사분규, 데모;2,7)하여 而^
遭´囹圄之災(영어지재; 감옥;7)이나,
(2) 僞造(위조;7)´文書(문서;2)하여 犯法이다。

*滋(생길 자)
*衆(무리 중)
*囹(감옥 영)
*圄(감옥 어)
*僞(거짓 위)
*造(지을 조)

25. 〈 +6㊎ 〉 ➔ 〈 +3㊍ 〉; 머리질환

頭響兮六三
(두향혜육삼) ○

*頭(머리 두)
*響(울림 향)

머리가 울리는 것은
〈63〉 때문이다.

[鐘註]

「頭響兮六三(두향혜 육삼)」이란,

〈+乾6〉은

爲´首, 爲´元氣(; 스태미너, 정력)이고;

〈+震3〉은

爲´雷(뇌)이고, 爲´聲(성; 소리, 진동),

*頭(머리 두)
*響(울림 향)
*兮(어조사 혜)
*雷(우레 뢰)
*聲(소리 성)

其^性은

上騰(상등; 위로 오름)하여,

(1) 肝陽(간양; 막힌 것을 뚫고 몰린 것을 내보내는 기능)上升(상승; 흥분분노로 갑자기 혈압이 높아짐)·

(2) 頭痛(두통; 6)·

(3) 咻咻作鳴(휴휴작명; 앓는 소리)이다

*肝(간 간)
*升(되 승)
*咻(앓을 휴)
*鳴(울 명)

26. 〈 -4㊍ 〉〈 5㊏ 〉; 유방암

乳癰兮四五 (유옹혜 사오) ㅇ

*乳(젖 유)
*癰(악창 옹)

유방암은 〈45〉이다.

[鐘註]

「乳癰兮四五(유옹혜 사오)」란,

〈4巽〉은

為´乳(유; 유방)이고,

〈5〉는

膿血(농혈; 피고름)・腫毒(종독)으로,

主´乳痛(유통)・乳癌(유암)이다.

*兮(어조사 혜)
*膿(고름 농)
*腫(부스럼 종)
*痛(아플 통)
*癌(암 암)

【鐘新解】

〈4綠巽〉은

為´長女・為´白(; 바람에 쓸려 깨끗함)・

為´長養인,

故^為´乳(유)이고;

〈5黃〉은

為´毒瘡(독창)・

為´膿血(농혈; 피고름)이다。

*毒(독 독)
*瘡(부스럼 창)
*膿(고름 농)

〈45〉는 〈㊍㊏〉가 相剋하여,

失令에는

主´

(1) 急性化膿性乳腺炎(급성화농성유선염)・

(2) 慢性乳腺炎(만성유선염)・

(3) 乳腺纖維腫(유선섬유종; 乳房硬塊[유방경괴])・

(4) 乳癌(유암)이다。

*慢(게으를 만)
*纖(가늘 섬)
*維(밧줄 유)
*硬(굳을 경)
*塊(흙덩이 괴)

〈4綠〉은

*痢(설사 리)

爲´風인데,
風이 動하여 而^生´
蟲(<u>流行性·傳染性的^細菌[세균]·病毒</u>[병독])인데,
加上´〈5黃〉的^毒性으로,
主´
(1) 肝炎(간염)·
(2) <u>感冒</u>(감모; 감기)·
(3) 泄痢(설리; 설사)·
(4) <u>支氣管炎</u>(기관지염;7)·
(5) 帶狀泡疹(대상포진; 飛蛇)
等^疾患(질환)이다。

*疱(천연두 포)
*疹(홍역 진)
*躁(성급할 조)

*冒(무릅쓸 모)
*泄(샐 설)
*痢(설사 리)
*疱(천연두 포)
*疹(홍역 진)

〈4綠巽〉은 爲´風으로,
本^有´
進退無常(진퇴무상; 이랬다 저랬다 함)·
不果(불과; 결과가 없음)·
急躁(급조; 急功近利·投機)的^性質인데,
加上´
〈5黃〉的^猛烈性情(맹렬성정)이면,

*急(급할 급)
*躁(성급할 조)

❶ 吉象〈45〉
當^其得令之^時에는
(1) 固(고; 정말로)^可´橫發驟富(횡발취부; 속발)이다,

*驟(달릴 취)

❷ 凶象〈45〉
若^
値´失令之^時인 則^
(1) 不免(불면)´亂德喪倫(난덕상륜)·
(2) 破蕩家産(파탕가산)이다。

*値(값 치)
*免(면할 면)
*倫(인륜 륜)
*蕩(쓸어버릴 탕)
*破(깨뜨릴 파)
*産(낳을 산)

〈45〉 가

値´失令·逢´凶山惡水之^凶應은

尙^有하여 ;

(1) 婦女失貞(부녀실정)·

(2) 騙婚(편혼; 사기결혼)·

(3) 吸毒(흡독)이고;

(4) 綁架(방가; 납치)·

(5) 勒死(늑사)´婦女이고;

(6) 股票(고표; 주식투자)套牢(투뢰)·

(7) 僞造文書(위조문서)·

(8) 詐欺(사기)·

(9) 美人計仙人跳(미인계선인조)이고 ;

(10) 瓦斯(; 가스)中毒·

(11) 窒息(질식)·

(12) 風災(풍재)·

(13) 雞瘟(계온; 뉴캐슬병)이고;

(14) 禿髮(독발; 대머리)·

(15) 鬪雞眼(투계안; 내사시)·

(16) 神經系統疾患이다。

*騙(속일 편)
*綁(동여맬 방)
*架(시렁 가)
*綁架; 납치
*勒(목조를 륵)
*套(덮개 투)
*牢(우리 뢰)
*跳(뛸 도)

*瘟(염병 온)
*禿(대머리 독)

〈4綠巽☴〉 은

爲´長女·長婦(장부; 큰며느리)·

爲´入(;內)·爲´高·

其´色은 白인

故^

有´乳房之^象이다。

〈5㊏黃〉 은

爲´結核(결핵)·腫瘤(종류)이다。

*參(간여할 참)
*閱(검열할 열)
*腫(부스럼 종)
*瘤(혹 류)

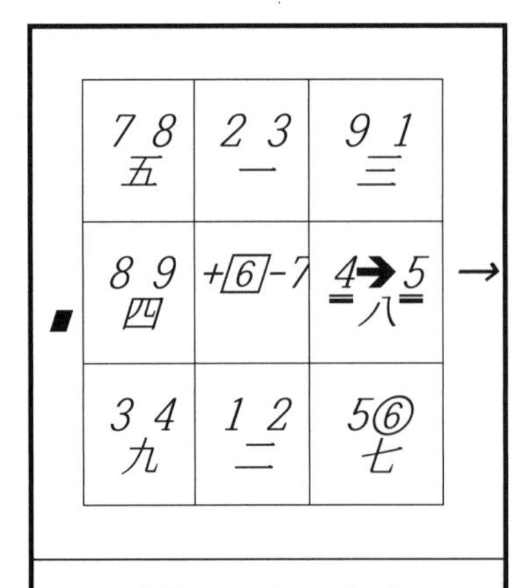

丙運 甲山庚向
[起星替卦]

向上의 挨´〈[4]⑤〉이다。

〈⑤〉인 卽^兌之^氣·元旦盤의 〈兌〉는 皆^少女卦로,

主´乳痛(유통)·腫塊(종괴)이다。

*腫(부스럼 종)
*塊(흙덩이 괴)

〈[4]➔⑤〉·〈[4]➔八〉은

〈㊍〉剋〈㊏〉로

爲´鬪牛煞(투우살)되어,

主´

(1) 車禍(차화; 고통사고)·

(2) 手脚傷痛(수각상통)이다。

又^

〈[4]綠巽〉은

爲´股(고; 넓적다리)·

爲´肝膽(간담)인데;

肝은 開竅(개규; 연결)´於^眼(안; 눈)으로,

亦^主´

(3) 眼目之病(; 눈병)^也이다。

*手(손 수)
*脚(다리 각)
*竅(구멍 규)
*眼(눈 안)

《秘本》에 云하기를;

「〈2㊏〉는 妨´〈3㊍〉하고.

〈5㊏〉는 妨´〈4㊍〉하여,

博奕好飮(박혁호음)이고,

田園(전원; 부동산)이 廢盡(폐진)이다。」

向上에 見´凶山惡水이면,

*博(도박 박)
*奕(바둑 혁)
*飮(마실 음)

*廢(폐할 폐)
*盡(다될 진)

主出′

(1) 敗家子(패가자)이다。

27. 〈9㊋〉⇨〈-2㊏5㊏)〉; 멍청이

火暗而神志難淸 (화암이 신지난청) ㅇ

*暗(어두울 암)

〈9㊋〉가 〈5黃㊏〉를 만나면,
신지(神志)가 맑지 못하다.

[鐘註]

「火暗而神志難淸 (화암이 신지난청)」이란,

〈9離〉는

爲´〈㊋〉이고,

爲´神(; 정신)이다.

〈㊋9⇨〉가 逢´〈陰濕之㊏(음습지토)2〉인 則^

晦暗(회암; 어두움)으로,

主´

神昏目暗(신혼목암; 정신이 혼미하고 눈이 침침함)이다.

若^

挨星(애성)이 爲´〈9〉之處에 幽暗(유암)하면,

主´

人이 無智昏庸(무지혼용)이다.

*逢(만날 봉)
*濕(축축할 습)
*晦(어두울 회)
*暗(어두울 암)

*昏(어두울 혼)
*幽(그윽할 유)
*庸(용렬할 용)

【鐘新解】

❶ 吉象 〈29〉

〈92〉가 相會하고 若^當令合局이면,

(1) 旺丁(; 29)·

(2) 出´秀士(; 9)·

(3) 醫生(;의사; 2,7)이다。

❷ 凶象〈29〉

若^失令·上山下水인,

則^爲´

《玄空秘旨》에 所^云으로;
『〈㊋(9)⇨〉가 見´〈㊏(2)〉는 而
出´愚鈍頑夫(우둔완부)이다。』로
主出´
(1) 蠢丁(준정; 멍청이;29)·
(2) 寡婦(과부;2)·
(3) 貪吝之人(탐린지인; 욕심쟁이;2)이다。

*愚(어리석을 우)
*鈍(무딜 둔)
*頑(완고할 완)
*夫(지아비 부)

*蠢(어리석을 준)
*貪(탐할 탐)
*吝(아낄 린)

'明夷(☷☲;명이; 지화명이괘)'는·
火가 在´地下이고·
日光은 爲´地球가 遮掩(차엄)되어,
月蝕(월식)之^象也이다。
'文王(문장; 聖君)'이 被囚(피수; 감옥에 갇히다)·
'箕子(기자; 賢人)'가 裝瘋(장풍; 거짓 미치광이 행세하여 위기를 면함)이다。

*夷(평안할 이)
*遮(막을 차)
*掩(가릴 엄)
*裝(꾸밀 장)
*瘋(미치광이 풍)

❶ 吉象〈29〉
得令이고 合局이면,
出´
(1) 賢人·
(2) 知´進退(진퇴)이고。

*賢(어질 현)
*進(나아갈 진)
*退(물러날 퇴)

❷ 凶象〈29〉
失令이고 不合局이면,
則^出´
(1) 無道昏君(무도혼군; 暴君, 亂君)이
如(;예컨대)
'紂王(주왕; 은나라 마지막 왕;?~약 BC1046년)'者가,
迷亂荒淫(미란황음; 주색에 빠져 혼란함)하고,

*昏(어두울 혼)
#暴(사나울 폭)
#亂(어지러울 란)
*紂(주임금 주)
*冕(면류관 면)
*旒(이은구슬 류)
*蔽(덮을 폐)
*黈(귀낙이 솜)
*纊(솜 광)

冕旒蔽目(면류폐목; 눈을 가림)하고,
黈纊塞耳(솜광색이; 귀를 막음)이다。

〈9紫㊋〉는 〈離卦〉로,
爲´心·
爲´目·
爲´神智(신지)이다.
〈2黑㊏〉는· 〈坤卦〉로,
爲´吝嗇(인색)·
爲´貪得(탐득)·
爲´迷(미)이다.

*吝(아낄 린)
*嗇(아낄 색)
*迷(미혹할 미)

❶ 凶象

失令· 上山下水之時에 〈9화⇨2토〉 相逢은·
〈㊋〉가 被´〈㊏〉가 晦(회)이다.
所謂^
相生이지만 而^無´相生之^情也으로,
如^〈㊏〉가 生´夏月이면,
益´之以〈㊋〉하여,
而〈㊏〉가 旱裂(한렬)하여,
不能^生´物矣이다.
主出´
(1) 短識淺見(단식천견)이고,
(2) 甚至(심지)^
目은 不識´丁(정)之^人이다.
亦^主´
(3) 目疾(목질;
(3-1) 近視[근시]·
(3-2) 散光[산광; 난시]·
(3-3) 白內障[백내장]·

*晦(어두울 회)
*旱(가물 한)
*裂(찢을 렬)

*障(가로막을 장)
*網(그물 망)
*膜(막 막)
*剝(벗길 박)
*肌(근육 기)
*梗(대개 경)
*塞(막힐 색)
*曬(쬘 쇄)
*灼(사를 작)
*粧(단장할 장)
*妯(동서 축)
*娌(동서 리)
*庇(덮을 비)

(3-4) 靑光眼[청광안; 녹내장]·
(3-5) 視網膜剝離(시망막박리)·
(4) 心肌炎(심기염)·
(5) 心肌梗塞(심기경색)·
(6) 冠狀動脈硬化(관상동매경화)·
(7) 曬傷(쇄상; 태양열화상)·
(8) 灼傷(작상)·
(9) 放射線傷害(발사선피해)·

*蔭(그늘 음)

(10) 化學藥品傷害(화학약품상해)·
(11) 化妝品傷害皮膚(화장품상해피부)·
(12) 不孕(불잉; 불임)·
(13) 婆媳不和(파시불화; 고부갈등)·
(14) 妯娌不睦(축리부목; 동서간 불목)·
(15) 飛機失事(비기실사; 비행기 사고)
等의 病禍(병화)이다.

❷ 吉象

若^
得令合局인, 則^
〈㊋㊏〉가 有´相生之情이다.
〈㊋〉가 生´〈㊏〉는
爲´食神傷官(식신상관)으로,
秀氣가 發越(발월)하여;
〈㊏〉는 受´〈㊋〉生하여,
爲´印星(인성)·
爲´權(권)·
爲´庇蔭(비음)이고,

*越(넘을 월)
*印(도장 인)
*庇(덮을 비)
*蔭(그늘 음)

主出´
(1) 秀士(수사)·
(2) 智者(지자)·

(3) 位尊職崇(위존직숭)·

(4) 有福有壽(유복유수)이다.

*職(벼슬 직)
*崇(높을 숭)

[최주]

十神?

(1) 生我者(+甲㊍)는 ⇦正印(-癸㊌), 偏印(+壬㊌),

(2) 剋我者(+甲㊍)는 ←正官(-辛㊎), 七殺(+庚㊎)

(3) 同我者(+甲㊍)는 = 劫財(-乙㊍), 比肩(+甲㊍)

(4) 我生者(+甲㊍)는 ⇨傷官(-丁㊋), 食神(+丙㊋)

(5) 我剋者(+甲㊍)는 →正財(-己㊏), 偏財(+戊㊏)

*偏(치우칠 편)
*劫(위협할 겁)
*比(견줄 비)
*肩(어깨 견)

28. 〈-4㊍〉 ← 〈8艮㊏〉 ; 기관지질환, 중풍

風鬱而氣機不利 (풍울이 기기불리) ㅇ

*鬱(막힐 울)
*機(틀 기)

〈巽4宮〉이 막혀있으면,
기기(氣機; 기관지)가 불리하다.

[鐘註]

「風鬱而氣機不利(풍울이 기기불리)」란,
〈4巽〉은 爲´風으로,
於^人身하여
爲´氣(;氣管支[기관지])이고,
爲´呼吸(호흡)아다.
〈8艮〉은 爲´山이고,
山은 有´止風(바람이 막힘)이다.

*呼(숨내쉴 호)
*吸(숨들이쉴 흡)
*止(그칠 지)

主´
呼吸(호흡) · 氣血(원기와 피) · 循環系統(순환계통)이
不暢(불창)하여,
如^中風이다.
挨星(애성) 〈4〉 之處가
被^阻塞(조색; 막힘; 形氣風水)하여도 亦^同이다
(; 當令일지라도 이러하다).

*循(좇을 순)
*環(고리 환)
*暢(화락할 창)
*被(당할 피)
*阻(험할 조)
*塞(막힐 색)

【鐘新解】
人元의 山向이고,
挨星(애성)이 逢´〈48〉 · 〈84〉 이고,
失令이나 或^見´凶山惡水는
均^有´
(1) 損´幼丁·

*叅(간여할 참)
*閱(검열할 열)
*幼(어릴 유)
*禍(불행 화)
*災(재앙 재)

(2) 橫禍凶災(횡화흉재)之^應이다。

《玉照神應眞經(옥조신응진경》에 云하기를 ;
*照(비출 조)

[최주]
《玉照神應眞經(옥조신응진경》은
《葬書》저자는 '郭璞[곽박;276~324]'이 저작한 명리서적)
*郭(성곽 곽)
*璞(옥돌 박)

『〈寅(8)〉이 來加´〈巳(4)〉하면,
子孫이 憂勞(우로)하여
熱이 燒身(소신; 마음을 태움)이고;
〈巳(4)〉가 立´〈功曹(공조;3碧)〉하면,
必^見´兩宮이 所失이다。』로
*憂(근심할 우)
*勞(일할 로)
*熱(더울 열)
*燒(사를 소)
*功(공 공)
*曹(마을 조)

主´
(1) 癆病骨蒸(노병골증; 폐병결핵성열)·
(2) 火傷(9)·
(3) 忤逆犯上(오역범상; 하극상;96)이다。
*癆(폐병 로)
*蒸(찔 증)
*忤(거스를 오)
*逆(거스를 역)

〈48〉·〈84〉所主的인 疾患(질환)은
多^爲´
(1) 風濕關節症(풍습 관절염)·
(2) 頸肩腕症候群(경견완 증후군)·
(3) 膽石症(담석증)·
(4)脂肪肝(지방간)·
(5) 黃疸(황달)·
(6) 筋傷骨折(근상골절)·
(7) 痲痺癱瘓(마비탄탄; 지랄병)·
(8) 脾胃病(비위병)이다。
*濕(축축할 습)
*頸(목 경)
*肩(어깨 견)
*腕(팔 완)
*症(증세 증)
*候(물을 후)
*群(무리 군)
*膽(쓸개 담)
*疸(황달 달)
*痲(저릴 마)
*痺(암메추라기 비)
*癱(사지틀릴 탄)
*瘓(중풍 탄)

〈48〉은
❶ 吉象〈4➔8〉
*雅(우아할 아)
*園(동산 원)
*藝(기술 예)

得令이면
主出′
(1) 在野之^賢人處士(현인처사;8)·
(2) 雅石(아석; 수석8)과
(3) 園藝專家(원예전가; 원예전문가;4)이고;

❷ 凶象 〈4➔8〉
失令이면
主′
(1) 懷才不遇(회재불우;4),
(2) 小口損傷(8)이다。

*專(오로지 전)

*懷(품을 회)
*遇(만날 우)
*叅(간여할 참)
*閱(검열할 열)

[최주]
회재불우(懷才不遇)는 四運(1924-1923년)중에,
현인처사(賢人處士)는 八運(2004-2023년)중에
많이 난다。

*懷(품을 회)
*遇(만날 우)

'漸(;풍산점괘; 48)' 은,
緩慢進行(완만진행)·
女는 有′歸宿(귀숙;陰은 有′所止)也이다。

*漸(점점 점)
*緩(느릴 완)
*慢(게으를 만)
*循(좇을 순)

❶ 吉象 〈48〉
當′其^得令이면,
主′
(1) 循序而進(순서이진)이고,
(2) 積善餘慶(적선여경)이고;

*循(좇을 순)
*序(차례 서)

*積(쌓을 적)
*善(착할 선)
*餘(남을 여)
*慶(경사 경)

❷ 凶象 〈48〉
當′其^失令이면,
則^
(1) 踰越突變(유월돌변 ; 고비를 넘기지 못함)이고,
(2) 積′不善하여 餘殃(여앙)이고,
(3) 臣弑其君(;不忠)·

*踰(넘을 유)
*越(넘을 월)
*突(갑자기 돌)
*變(변할 변)

*臣(신하 신)
*弑(죽일 시)
*君(임금 군)

(4) 子弑其父(; 不孝)이고,

(5) 禍는 生´肘腋(주액; 近;장소)이고,

災(재; 재앙)가 來´不測(불측; 시간)이다。

*肘(팔꿈치 주)
*腋(겨드랑이 액)
*測(잴 측)

〈4綠㊍〉은 配´〈巽〉卦이며 爲´風이고,
〈8白㊏〉는 配´〈艮〉卦이며 爲´山으로,
〈㊍〉이 剋´〈㊏〉하므로,
疾病(질병)은
多^屬(속)´

(1) 風濕關節症(풍습 관절증;
〈艮〉卦의 小石이란, 蛋白質[단백질]이 沉澱(침전)之^風濕石[풍습석]이 됨)·

(2) 脾胃病(비위병)·

(3) 脊椎骨病變(척추골병변)인데,

*濕(축축할 습)
*蛋(새알 단)
*沈(가라앉을 침)
*澱(앙금 전)
*脊(등성마루 척)
*椎(척추 추)

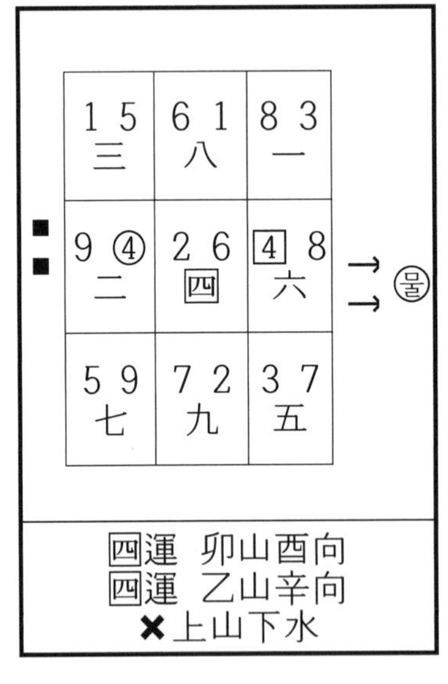

四運 卯山酉向
四運 乙山辛向
✖上山下水

四運에
卯山酉向·乙山辛向에서,
向首에 見水이면
主´之이고,
又^主´損´幼丁(유정)·
懷才不遇(회재불우)이다。
人元의 山向은,
〈4〉인 卽^巳이고·
〈8〉인 卽^寅으로,
寅刑巳이다。

《玉照神應眞經(옥조신응진경)》;
『〈寅(8)〉이 來加´〈巳(4)〉이면,
子孫이 憂勞熱(우로열)로 燒身(소신)이고;

*照(비출 조)
*憂(근심할 우)
*勞(일할 로)
*燒(사를 소)

〈巳(4)〉가 立´〈功曹((8)〉이면,
必^見´兩宮아 所失이다。』

主´
(1) 癆病(노병; 肺炎發熱[폐렴발열])·
(2) 火傷(;9)·
(3) 犯上(범상; 윗사람에게 반항; 69)·
(4) 獸傷(수상)·
(5) 犬咬(견교)·
(6) 蛇咬(사교)이다。

*癆(폐결핵 로)
*獸(짐승 수)
*咬(물 교)
*蛇(뱀 사)

〈風(4)〉이 落´〈山谷(8)〉이면,
成´蒸鬱(증울)之^氣하여
而^生´蠱蟲(고충; 害蟲)인데;
蠱(고)는 乃^腹中蟲(복중충; 기생충)으로,
晦淫(회음; 어둡고 음산함)之^氣가 所^生이다。
長女가 惑(; 유혹)´少男하여,
不倫之配(불륜지배)이다。
故^

*蒸(찔 증)
*鬱(막힐 울)
*蠱(독 고)
*蟲(벌레 충)
*晦(어두울 회)
*淫(음란할 음)
*惑(미혹할 혹)

❶ 凶象〈84〉
〈84〉가
可^引申(인신)´
(1) 爲´主婦가 偸(투; 비밀리 情을 통함)´
僕(복; 연하남성)이고·
(2) 貴婦가 倒貼(도첩; 경제적 지원)´
小白臉(소백검; 미소년)이고·
(3) 瘴癘(장염; 악성 말라리아)·
(4) 中邪(중사; 귀신들림; 蠱毒[고독]·降頭[항두])·
(5) 內亂(내란)인데;

*偸(훔칠 투)
*僕(시중꾼 복)
*倒(넘어질 도)
*貼(붙을 첩)
*臉(뺨 검)
*降(내릴 강)

❷ 吉象〈84〉

*種(씨 종)
*桑(뽕나무 상)

好的^方面은 是′種桑養蠶(종상양잠)인데,

(1) 因^絲綢(사주; 비단; 섬유업)하여
 而^起家致富(기가치부)하고.

(2) 長嫂(장수; 큰며느리나 큰딸)가 代母하고,
 賢德(현덕)으로 持家한다。

*養(기를 양)
*蠶(누에 잠)
*絲(실 사)
*綢(명주 주)
*嫂(형수 수)
*持(유지할 지)

29. 〈 2肉 〉〈 3神經 〉〈 9心腸, 眼 〉〈 8鼻 〉

*眼(눈 안)

切莫傷夫坤肉震筋(절막상부곤육진근), 豈堪損乎離心艮鼻(기감손호리심간비) ○

*切(끊을 절)
*豈(어찌 기)
*堪(~할 감)

〈2坤〉은 肉(육)이고, 〈3震〉은 筋(근)이고, 〈9離〉는 심장이고 , 〈8艮〉은 코이다.

*筋(힘줄 근)
*鼻(코 비)

[鐘註]

挨星(애성)

(1) 〈4㊍➔2㊏〉 과 〈3㊍➔2㊏〉 는,
〈㊏〉 가 被´〈㊍〉 剋하여,
主´皮肉(피육; 피부와 살)이 受´傷이다.

(2) 〈6㊎➔3㊍〉 과 〈7㊎➔3㊍〉 은,
〈㊍〉 이 被´〈㊎〉 에게 剋하여,
主´筋(근) · 神經系統(신경계통)이 受´傷이다.

(3) 〈1㊌➔9㊋〉 는
〈㊋〉 가 被´〈㊌〉 에게 剋하여,
主´心臟(심장) · 眼目之疾(안목지질)이다.

(4) 〈3㊍➔8㊏〉 〈4㊍➔8㊏〉 는,
〈㊏〉 가 被´〈㊍〉 에게 剋하여,
主´鼻病(비병; 콧병)이다.

又(우; 또한)^
以上^〈[2]〉〈[3]〉〈[8]〉〈[9]〉 之^處에,
有´
(1) 巉巖突兀(참암돌올; 가파르고 위험)之^山石이거나,
(2) 或^屋角(옥각; 집 모서리)가 尖射(첨사) ·

*巉(가파를 참)
*巖(바위 암)
*突(갑자기 돌)
*兀(우뚝할 올)

(3) 烟囪(연총; 굴뚝)・

(4) 電杆(전간; 전신주[電信柱]) 等^惡形은,

亦^主´上述(상술)之^疾病(질병)이다.

*煙(연기 연)
*囪(굴뚝 총)
*杆(나무기둥 간)

4 巽	股(고) 肝(간)	9 離	眼(안) 心臟(심장)	2 坤	腹(복) 皮膚(피부)
3 震	足(족) 膽(담) 神經(신경)	5	內臟(내장)	7 兌	口(구) 喉(후) 肺(폐)
8 艮	手(수) 鼻(비)	1 坎	耳(이) 腎(신)	6 乾	頭(두) 骨(골) 肺(폐)

九星(구성)과 身體部位(신체부위)

*股(넓적다리 고)
*肝(간 간)
*眼(눈 안)
*腹(배 복)
*膚(살갗 부)

*膽(쓸개 담)
*喉(목구멍 후)
*肺(허파 폐)

*鼻(코 비)
*腎(콩팥 신)

30. 〈 +3㊍ 〉〈 -4㊍ 〉/ 形氣論과 理氣論

震之聲(진지성), 巽之色(손지색), 向背當明(향배당명) 。

*聲(소리 성)
*背(등 배)

〈3震〉은 소리이고 〈4巽〉은 색깔인데,
향배(向背; 形氣와 利器)를 마땅히 밝혀야 한다.

[鐘註]

此는 指´挨星(애성)之^
〈3碧〉 · 〈4綠〉 이,
(1) 理氣論
(1-1) 得元當令인 則^
出´
有名 ·
俊秀(준수) ·
節操(절조)之^士이다.

*俊(준걸 준)
*秀(빼어날 수)
*節(마디 절)
*操(잡을 조)

(1-2) 若^失令이고 反到(; 不合局)이면
身敗名裂(신패명렬; 명예추락, 망신)이고

*到(이를 도)
*裂(찢을 렬)

又^
挨星(애성)이 〈34〉 之^方(; 方位)에
(2) 形氣論
(2-1) 山水가 須^有情이 「向(; 環抱)」
´我이고

*環(고리 환)
*抱(안을 포)

(2-1) 形勢가 不可^反「背(배; 反背)」이면
與^上述(상술)하여 相同이다.

*反(되돌릴 반)
*背(등 배)
*述(지을 술)

31. 〈 +6㊎ 〉⇦〈 -2㊏ 〉; 학질[;장티푸스]

乾爲寒(건위한), 坤爲熱(곤위열), 往來切記(왕래절기) 。

*寒(찰 한)
*熱(더울 열)

〈6乾〉은 寒(한)이고 〈2坤〉은 熱(열; 질병)인데,
(26은 위험하므로) 왕래(;만남)를 잘 기억하라.

[鐘註]

〈6乾〉은 爲´寒氣(한기)이고,
〈2坤〉은 爲´病符(병부)인데
若^
挨星이 〈[2]⑥〉 · 〈[6]②〉 之^方(; 方位)에
形氣가 不^符合(부합; 불합국)한 則^
不當有山之處(; 有山면 不當)인데 有´山이고,
不當有水之處(; 有水면 不當)인데 有´水이면,
主/
患´忽寒忽熱(홀한홀열)之^瘧病(학병; 말라리아)이다.
故^曰
「乾爲寒(건위한), 坤爲熱(곤위열),
往來切記(왕래절기)」이다.

又^
山 · 水 · 門路가
同時^收到(수도)´挨星的^〈26〉도 亦^同이다.

*寒(찰 한)
*符(부신 부)
*當(마땅할 당)
*忽(소홀히 할 홀)
*寒(찰 한)
*熱(더울 열)
*瘧(학질 학)
*往(갈 왕)
*來(올 래)
*切(끊을 절)
*記(기억할 기)
*收(거둘 수)
*到(이를 도)

32. 〈 +6㊎ 〉+失運 ; 무지(無知)

須識乾爻門向(수식건효문향),
長子癡迷(장자치미) ｡

*須(모름지기 수)
*癡(어리석을 치)
*迷(미혹할 미)

〈6乾〉을 잘 알아야 하는데,
큰 아들이 어리석게 된다.

[鐘註]

〈ь乾〉은
爲´知(지)이고,
爲´健(건; 건강, 정력)이고,
爲´家長(;ь, 3)이고,
爲´長子(;3)이다.

*健(튼튼할 건)

若^
挨星(애성) 〈ь〉이 到向이고
或^方(; 방위)而^形勢가 不合이거나
或^失運이면,
主´
長子가 癡迷(치미; 어리석음)하다.

*癡(어리석을 치)
#癡呆(치매)
*迷(미혹할 미)

33. 〈 -2㊏ 〉〈 +8㊏ 〉; 어린이 병약

誰知坤卦庭中(수지곤괘정중), 小兒顦顇(소아초췌) °

*顦(파리할 초)=
*顇(파리할 췌)=

〈2坤〉이 〈庭(정; 8艮)〉만나면, 어린이가 허약하다.

[鐘註]

挨星(애성) 〈2〉 가

飛到´ 〈8〉 之^方이거나

或^元旦盤(원단반)之^ 〈艮方〉 은,

主´

少男이 病弱(병약)으로 顦顇(초췌; 허약체질)이다.

*弱(약할 약)
*顦(파리할 초)
*顇(파리할 췌)

[최주]

-4 巽 ㊍	賢淑(현숙) 貞節(정절)	-9 離 ㊋	禮節(예절) 外向(외향)	-2 坤 ㊏	博愛(박애) 慇懃(은근)
	放蕩(방탕) 거지, 流浪		浪費(낭비) 詐欺(사기)		固執(고집) 질병, 과부
+3 震 ㊍	仁慈(인자) 正直(정직)	5 中 ㊏	信(신) 統制(통제)	-7 兌 ㊎	義理(의리) 快活(쾌활)
	暴力(폭력) 깡패, 바보		毒(독),癌(암) 불구,불치병		背反(배반) 범죄, 질투
+8 艮 ㊏	忠孝(충효) 友愛(우애)	+1 坎 ㊌	智慧(지혜) 內向(내향)	+6 乾 ㊎	權威(권위) 重厚(중후)
	不忠不孝 內紛(내분)		淫亂(음란) 도둑		退物(퇴물) 홀아비
九宮과 屬性(속성)					

【鐘新解】

〈坤2〉·〈艮8〉는,

皆^〈㊏〉이며 而^合十인데;

〈一(8艮)〉은 爲´死門(귀문)이고·
〈一(2坤)〉은 爲´生門(생문)으로,
死生가 相對이면서 而^相配(상배)^也이다。

[최주]
8運을 기준으로 한 부부정배(; 合十)에 따른 길흉

夫婦配		〈19(91)〉	〈28(82)〉	〈37(73)〉	〈46(64)〉
	吉	愛妻家 애처가	年上婦人 연상부인	애인같은 부부	賢母良妻 현모양처
	凶	恐妻家 공처가	獨身 독신	부부전쟁	喪妻 상처

三五八運之^
丑山未向·未山丑向은
皆(개; 모두)^爲´
旺山旺向之^局이다。
坐後에 有´山이고·
向上에 有´水는,
主´巨富(거부)이다。

〈-2坤〉은 爲´地(; 平地)이고·
〈+8艮〉은 爲´山(; 林野)으로,
多^發´房地産(방지산; 부동산)之^財이다。

*房(방 방)
*産(낳을 산)

經營(경영)´
山産店(산산점; 임산물 사업)·
糧食(양식; 곡물)·
瓜果(과과; 과일)·
肉品(육품; 축산업)하여
亦^可^致´富이다。

*經(경영할 경)
*營(경영할 영)

*産(낳을 산)
*店(가게 점)
*糧(양식 량)
*瓜(과일 과)
*果(실과 과)

詳見(상견)´〈坤艮〉卦象이다。

*寡(과부 과)

〈坤(☷)〉은
爲´老陰·
爲´寡(과; 과부)으로;
孤陰不長(고음부장;孤陰不長, 獨陽不生)·
有´尼菴(이암; 여승)之^象이고;
〈艮(☶)〉은
爲´少男·陽(; 양효)이 在´上으로,
無毛髮(무모발; 승려)로,
有´僧寺(승사)之^象이다。

*孤(외로울 고)
*尼(중 니)
*菴(암자 암)=庵
*髮(터럭 발)
*僧(중 승)
*寺(절 사)

二五八運之^
(1) 왕산왕향 불합국
丑山未向(; 왕산왕향)·未山丑向(; 왕산왕향)이며,
坐空朝滿(; 불합국)과,
(2) 상산하수 불합국
艮山坤向(; 상산하수)·寅山申向(; 상산하수)·
坤山艮向(; 상산하수)·申山寅向(; 상산하수)이며,
坐實朝空(; 불합국)은,
主出´僧尼(승니)이다。

34. 〈3碧㊍〉〈4綠㊍〉+反側; 몰인정

因星度象(인성도상),
木反側兮無仁(목반측혜무인) 。

*反側(반배하다 따르지 않다)

星(; 理氣)로서 象(; 形氣)을 헤아릴 수 있는데,
<③㊍>이 不合(=形勢反背)이면 인정이 없다.

*因形察氣
因氣求象

[鐘註]

〈3碧震㊍〉은, 屬´仁이고,

若^

挨星〈3㊍〉之^方(; 方位)이고

失令이고,

形氣가 不合이고(; 不合局)이고,

　　或^反側(반측; 反背)이면,

主/

人이 沒有(몰유; 없다)´

仁慈(인자)・同情(동정)之心이다.

*側(곁 측)

*沒(없을 몰)

*慈(사랑할 자)

35. 〈 -1白 〉+不合; 실지(失志)

以象推星(이상추성),
水攲斜兮失志(수의사혜실지) 。

*攲(기울 의)
*斜(비낄 사)

상(象;형기)으로 성(星;이기)을 추단하는데,
물이 경사지면 의지(意志)를 잃는다.

[鐘註]

〈1白坎㊌〉는
爲´志(; 吸收心[흡수심] · 硏究心)으로,
(1) 若^挨星(애성) 〈1白〉 之^方이
攲斜(의사; 경사)이거나,
(2) 或^〈1白〉이 失令이거나,
(3) 或^水流가 斜飛(사비; 비껴 달아남)이면,
主/
人이 沒有(몰유; 없다)´
志氣(지기)^和^上進之心(; 진취심)이다.

#吸(숨 들이쉴 흡)
#收(거둘 수)
#硏(궁구할 연)
#究(궁구할 구)
*攲(기울 의)
*斜(비낄 사)

*沒(없을 몰)
*志(뜻 지)

36. 陰卦〈-2・-4・-7・-9〉; 음란, 몰염치, 질투

*鬪(싸움 투)
*破(깨뜨릴 파)
*碎(부술 쇄)
*羞(바칠 수)

砂形破碎(사형파쇄),
陰神値而淫亂無羞(음신치이음란무수) 。

사(砂)의 모양이 파쇄(破碎)하고,
음신(陰神)은 음란(淫亂)하고 부끄러움이 없다。

[鐘註]

〈-坤2〉爲´老母・
〈-巽4〉爲´長女・
〈-兌7〉爲´少女・
〈-離9〉爲´中女,
皆^爲´陰卦(음괘)이다;
若^
挨星
〈-2〉〈-4〉〈-7〉〈-9〉之^方에
有´山이고,
而^其^形容(형용; 모양)이 破碎(파쇄)이면,
主´
(1) 婦女(부녀)가 淫亂(음란)하고,
(2) 無´羞恥之心(수치지심; 뻔뻔함)인데,
因(; 왜냐하면)^
山은 屬´陰(; 靜陰動陽)인,
故^應´於^陰卦也이다.

*破(깨뜨릴 파)
*碎(부술 쇄)
*婦(며느리 부)
*淫(음란할 음)
*亂(어지러울 란)
*羞(부끄러워할 수)
*恥(부끄러워할 치)

37. 陽卦〈 +1 · +3 · +6 · +8 〉; 시비, 충돌, 폭력

水勢斜衝(수세사충),
陽卦憑則是非牽累(양괘빙즉 시비견루) 。

*憑(의거할 빙, 가득찰 빙)
*牽(끌 견)
*累(묶을 루)

수세(水勢)가 사(斜)하거나 충(衝)하고,
양괘(陽卦)로 되면 시비(是非)에 연루된다.

[鐘註]

水(; 물)는 屬´陽(; 動하므로 陽)이고, 而
〈+坎1〉은 爲´中男 ·
〈+震3〉은 爲´長男 ·
〈+乾6〉은 爲´老父 ·
〈+艮8〉은 爲´少男으로,
皆^爲´陽卦이다.
若^
挨星이
〈+①〉〈+③〉〈+⑥〉〈+⑧〉之^方에,
水流가 斜衝(사충; 비껴 흐르거나 나를 향하여 부딪침)인,
則^
主´
是非(시비)가 常(상; 항상)^起^爲之(; 이 때문에)^
苦惱(고뇌)이다.

*斜(비낄 사)
*衝(찌를 충)
*苦(쓸 고)
*惱(괴로워할 뇌)

38. 〈 -4㊍ 〉/ [反抱(반포)]; 떠돌이 ,거지

巽如反臂(여여반비),
總憐流落無歸(총린유락무귀) 。

*臂(팔 비)
*總(역시 총)
*憐(불쌍할 련)

〈4巽〉이 만약에 반비(反臂; 反弓)하면,
고향에 다시 돌아오지 못하는 아픔이 있다.

[鐘註]

〈巽4〉는
爲´風으로, 其^性이 飄蕩(표탕)이다.
若^挨星이 〈4〉之^處에,
有´山・水形이 如´手臂外彎(수비외만; 離鄕砂)이면,
主/
人이 「流落」´外鄕(외향; 타향)이고,
至死不回(지어불회; 죽어서도 고향에 돌아오지 못함)이다.

*漂(떠돌 표)
*蕩(쓸어버릴 탕)
*彎(굽을 만)
#離(떼놓을 리)
#鄕(시골 향)
*至(이를지)
*回(돌 회)

39. 〈 -6㊎ 〉/ [斷頭山][繩索水]; 교살(絞殺)

乾若懸頭(건약현두), 更痛遭刑莫避(경통조형막피) 。

〈6乾方〉에 머리가 매달린 모양의 山水가 있으면,
형사(刑事)사건의 고통을 피하지 못한다.

*繩(줄 승)
*索(동아줄 삭)
*遭(만날 조)
*避(피할 피)
*更(또, 정녕코)

[鐘註]

〈乾〉은

爲´頭(두)이고, 爲´官刑(관형; 형사재판)이다.

若^

挨星이 〈b〉之^處에

(1) 有´斷頭山(단두산)이거나,

(2) 或^水(; 물)가

如^繩(승; 밧줄)이 懸頭(현두; 목을 매달음)은,

主´

犯法(범법)이고, 被^判(판; 判決[판결])´死刑이다.

*刑(형벌 형)
*斷(끊을 단)
*頭(머리 두)
*繩(줄 승)
*懸(매달 현)
*被(이불 피)
*判(판가름할 판)
*決(결정할 결)

40. 〈 7 〉/ [호로(葫蘆)]; 의사(醫師).

〈 7 〉/ [도잔(刀盞)]; 정육점(精肉店), 주점(酒店)

七有葫蘆之異(칠유호로지이), 醫卜興家(의복흥가) 。 七逢刀盞之形(칠봉도잔지형), 屠沽居肆(도고거사) 。

*葫병 호)
*蘆(갈대 로)
*醫(의원 의)
*卜(점 복)

〈7〉은 호로(葫蘆)의 특별한 의미가 있어,
의복(醫卜)으로 가문(家門)이 흥성(興盛)한다.
〈7〉은 도잔(刀盞; 칼과 술잔)모양의 山이 있으면,
정육점이나 주점을 경영한다.

[鐘註]

〈兌7〉은

(1) 爲´刑(; 刑事사건)이고

(2) 爲´刀이고,

(3) 能^去(; 제거)´惡(악)이고,

(4) 〈洪範(홍범; 《書經》의 〈朱書〉의 일부)〉에 曰 하기를;

『七(; 일곱번째)에, 稽疑(계의; 의심애 대한 질문)』인, 故^〈7〉은 又^爲´卜(복; 점)이다.

*稽(조사할 계)
*疑(의심할 의)
*卜(점 복)
#占(점칠 점)

(1) 得令

若^挨星이 〈7〉이 生旺이고,

有´山이 如^葫蘆(호로)之^形이면,

主/

出´

(1) 醫生(의생; 의사) •

(2) 星相(; 점성과 관상)과

*葫(마늘 호)
*蘆(갈대 로)
*醫(의원 의)

⑶ 卜卦(복괘; 점술)之^人이다.

(2) 失令

同樣(동양)으로 是´刀인데,

若〈7〉이 失令(; ??)이고,

又^

有´刀盞(도잔; 칼과 술잔)形之^山이 相應하면,

卻^出´

⑴ 屠夫(도부; 도살업자)이고,

⑵ 賣肉(매육; 정육점 운영)´於^市(;시장)이다.

又^

〈7〉은

爲´言語이고,

爲´口(; 입)이고,

爲´酒(; 兌爲酉)이므로,

主´

⑴ 沽酒(고주; 술판매)於^市이고,

⑵ 開酒家(; 술집운영)이다.

*樣(모양 양)
*刀(칼 도)
*盞(잔 잔)
*卻(오히려 각)
*屠(잡을 도)
*賣(팔 매)

*酒(술 주)

*沽(팔 고)

41. 〈 3㊍ 〉; 목공예. 〈 7㊎ 〉; 금속공예

旁通推測(방통추측), 木工因斧鑿「三宮」(목공인부착삼궁), 觸類引伸(촉류인신), 鐵匠緣鉗鎚「七地」(철장연겸추칠지) 。

*旁(두루 방)
*斧(도끼 부)
*鑿(뚫을 착)
*觸(닿을 촉)
*匠(장인 장)
*鉗(집게 겸)
*鎚(쇠망치 추)

방통(旁通; 轉移學習法)하여 추측(推測)하면, 목공예가는 도끼砂가 〈3震〉에 있고 해류(解類; 轉移學習法)하여 인신(引伸)하면, 금속공예가는 쇠망치砂가 〈7兌〉에 있다.

#轉(구를 전)
#移(옮길 이)

[鐘註]

以^上述之^例로 推知(추지; 예측하여 앎)하면,

挨星은

是/

隨'山・水的^形勢하여 而^改變(개변; 通變)'

其^意義(의의)的이다.

*述(지을 술)
*例(법식 례)
*推(추측할 추)
*隨(따를 수)

(1) 山星 〈③〉; 목재상

挨星이 〈③〉 인데,

若^遇(우)'斧形(부형; 도끼모양의 砂)인,

則^出'

(1) 木工・

(2) 樵夫(초부; 나무꾼, 목재상)・

(3) 木刻家(목각가)이다.

*遇(만날 우)
*斧(도끼 부)
*樵(땔나무 초)
*刻(새길 각)

(2) 山星 〈⑦〉; 철공소, 금속공예

挨星 〈⑦〉 이고,

若^遇(우)'鉗形(겸형; 집게모양의 砂)인,

*遇(만날 우)
*鉗(집게 겸)

則^出´

(1) 鐵匠(철장; 철공소) •

(2) 金工(금속공예)이다.

*鐵(쇠 철)
*匠(기술자 장)

千變萬化(천변만화)이므로

因^形(; 砂)하여 而^取義(의미를 취함)이다.

*取(취할 취)

42. 〈 失令 〉+[貴砂]= 非宜

〈 7刑 〉+凶砂=刀傷

〈 3賊 〉+凶砂=火災

至若蛾眉魚袋(지약아미어대),
衰卦非宜(쇠괘비의) 。
猶之旗鼓刀鎗(유지기고도쟁),
賤龍則忌(천룡즉기) 。
赤爲刑曜(적위형요),
那堪「射脅水」方(나감「사협수」방);
碧本賊星(벽본적성),
怕見「探頭山」位(파견「탐두산」위) 。

*蛾(나방 아)
*眉(눈썹 미)
*袋(자루 대)
*猶(같을 유)
*曜(빛날 요)
*堪(견딜 감)
*怕(두려워할 파)

만약 아미(蛾眉; 吉象)나 어대(魚袋; 吉象)이라도,
「衰卦(쇄괘)」에는 마땅하지 않다。
만약 旗鼓刀鎗(기고도창; 吉象)이 있어도,
「賤龍(천룡)」에는 꺼린다.
〈7赤〉은 형요(刑曜)인데,
사협수(射脅水)가 두렵고,
〈3碧〉은 본래 적성(賊星)인데,
탐두산(探頭山)이 두렵다.

*旗(깃발 기)
*鼓(북 고)
*鎗(창 창)=槍
*賤(천할 천)
*盜(훔칠 도)
*賊(도둑 적)
*探(찾을 탐)
**探頭山(탐두산)
=규봉(窺峰))

[鐘註]

「蛾眉(아미)」山은 主´女貴,
「金魚袋(금어대)」는 主´男貴인데,
若^
其^所在的^方位에 在´挨星이 衰死之方이면,
反(; 오히려)^主´賤(천)으로,
(1)
就^好像(호상; ~같다)´「旗鼓刀鎗(기고도창)」이면

*蛾(나방 아)
*眉(눈썹 미)
*袋(자루 대)
*衰(쇠할 쇠)
*賤(천할 천)
*旗(기 기)
*鼓(북 고)
*刀(칼 도)
*鎗(종소리 쟁)
*盜(훔칠 도)
*匪(대상자 비)
*賤(천할 천)

本^主/出´武貴이지만,

(2)

可是(; 그러나)^來龍이 若^爲´「賤龍(천룡)」이면,
反而^出´盜匪搶犯(도비창범)이다.

(1) 山星 〈[7]〉
〈7赤〉之水가 若^射脇(사협)는
主´

*射(쏠 사)
*脇(옆구리 협)
*吐(토할 토)

(1) 刀傷(도상)·
(2) 吐血(토혈; 9)·
(3) 火災(화재)이다.

(2) 向星 〈③〉
若^挨星〈3〉之^方位에 遇´探頭山(탐두산)은,
主/出´偸盜(투도; 도적)이다.

*遇(만날 우)
*探(찾을 탐)
*偸(훔칠 투)
*盜(훔칠 도)

以上^
皆^言´形氣가 須^配合(배합)이고,
挨星은 要´生旺得令이고,
遇(우)´要^有´完美的^山水形勢가 相應이다.

43. 〈 2申 〉+[尖山]; 소송
〈 4辰 〉+[파쇄(破碎)]; 싸움, 전쟁

若夫申尖(약부신첨) 興訟(흥송) ｡ 辰碎遭兵(진쇄조병) ｡

*尖(뾰족할 첨)
*訟(송사할 송)
*碎(부술 쇄)

만약에 申방이 뾰족하면 소송을 일으킨다. 〈辰4〉가 파쇄되면, 전쟁을 만나다.

[鐘註]

挨星〈2黑〉人元卦之^方位에
若^有′尖形은 出′訴訟(소송)이다.
挨星〈4綠〉地元卦之處에 有′破碎之形은,
主/受′利器殺傷이다.
因^
〈申2〉은 爲′詞訟(사송; 소송)이고,
〈辰4〉은 爲′天罡(천강)也이다.

*尖(뾰족할 첨)
*訴(하소연할 소)
*訟(송사할 송)
*破(깨뜨릴 파)
*碎(부술 쇄)
*利(날카로울 리)
*器(용구 기)
*傷(상처 상)
*詞(말씀 사)
*罡(별 이름 강)

44. 〈 1㊌⇨4㊍ 〉 ← 〈 7㊎ 〉; 결단력 부족
〈 7㊎ 〉 → 〈 3㊍⇨9㊋ 〉; 각박(刻薄)

破近文貪(파근문탐),
秀麗乃溫柔之本(수려내 온유지본) 。
赤連碧紫(적련벽자),
聰明亦刻薄之萌(총명역각박지맹) 。

*溫(따뜻할 온)
*柔(부드러울 유)
*刻(새길 각)
*薄(엷을 박)
*萌(싹 맹)

〈7파군〉이 〈1문곡・4탐랑〉를 만나면,
수려(秀麗)하지만 온유(溫柔; 결단력 부족)하다.
〈7〉이 〈39〉를 만나면,
총명(聰明)하지만 각박(刻薄)하다.

[鐘註]

(1) 挨星 〈7㊎→④㊍⇦一㊌〉 은,
出′秀麗(수려; ㊍⇦㊌)하지만
文弱(문약; 7㊎→④㊍)之^人이고,

*麗(고울 려)
*弱(약할 약)

(2) 挨星 〈7㊎→③㊍⇨九㊋〉 는,
出′聰明(총명; ㊍⇨㊋)하지만 而^
刻薄(각박; 7㊎→③㊍)之^人이다.
其^情形은 爲′ 〈147〉 〈937〉 인데,
〈㊍〉 이 被′ 〈←㊎〉 傷也이다.

*刻(새길 각)
*薄(엷을 박)
*被(당할 피)
*傷(상처 상)

45. 〈 5黃 〉+[用神水]; 예측불가 凶事
〈 太歲 〉; 吉上加吉, 凶上加凶

五黃飛到三叉(오황비도삼차), 尙嫌多事이다(상혐다사) 。 太歲推來向首(태세추래향수), 尤屬堪驚(향수우속감경) 。

*叉(깍지 낄 차)
*嫌(싫어할 혐)
*推(옮을 추)
*堪(충분할 감)
*驚(놀랄 경)
*尤(우;재앙, 실패)

五黃이 삼차(三叉)에 이르면, 반드시 혐오(嫌惡)한 일이 많이 생긴다. 태세(太歲)가 向首(;向宮)에 이르면, 재앙은 놀라울 정도다.

[鐘註]

雖^挨星과 形氣의 作法은

皆^合인데,

若^

(1) 五黃

流年에서 逢´客星인 〈五黃〉 하고,

配到(배도)´三叉(삼차;

合水之處, 或^交叉路口이면,

還(환; 게다가)^有´

許多^不如意(; 생각하지 못한 흉사)的^事이다.

(2) 太歲

若^太歲가 配到(배도)´向上(; 向宮)이면,

更^

主´疾病・損人이다.

(太歲之^配法은 別述한다)

*逢(만날 봉)
*配(아내 배)
*到(이를 도)
*叉(깍지 낄 차)
*損(덜 손)
*別(달리 별)
*述(지을 술)

46. 騎線(기선; 대공망)+空縫(공봉; 소공망)=騎縫(기봉)

豈無「騎線」遊魂(기무기선유혼), 鬼神入室(귀신입실) 。 更有「空縫」合卦(경유공봉합괘), 夢寐牽情(몽매견정) 。

*騎(말 탈 기)
*縫(꿰맬 봉)
*寄(맡길 기)
*抛(버릴 포)
*寐(잠잘 매)
*牽(끌 견)

*豈無(기무); 어찌 없겠는가?
*夢寐牽情(몽매견정); 이루지 못할 꿈

기선(騎線;대공망)에는 어찌 혼이 놀지 않겠는가! 귀신이 집으로 들어온다. 공봉(空縫; 소공망)이 되면 헛된 꿈이 된다.

[鐘註]

若^立向인 在′
[巳⇑丙]·[丁⇑未]·
[申⇑庚]·[辛⇑戌]
[亥⇑壬]·[癸⇑丑]·
[寅⇑甲]·[乙⇑辰]은,
爲′騎線(기선; 兩子平分)이다.
又^出卦(출괘; 대공망)인데;

*騎(말 탈 기)
*線(줄 선)

挨星
〈69(; 火天大有[화천대유] ☲☰ ← ☰☰[乾]〉
〈12(; 水地比[수지비] ☵☷ ← ☷☷[坤]〉
〈84(; 山風蠱[산풍고] ☶☴ ← ☴☴[巽]〉
〈37(; 雷澤歸妹[뇌택귀매] ☳☱ ← ☱☱[兌]〉 은
爲′
遊魂卦(유혼괘; 八卦에서 5효가 바뀌면 歸魂卦가 됨)인데,
若^失運인, 則^鬧鬼神(뇨귀신; 귀신의 장난)이다.

*遊(놀 유)
*魂(넋 혼)
#歸(돌아갈 귀)
*鬧(시끄러울 료)

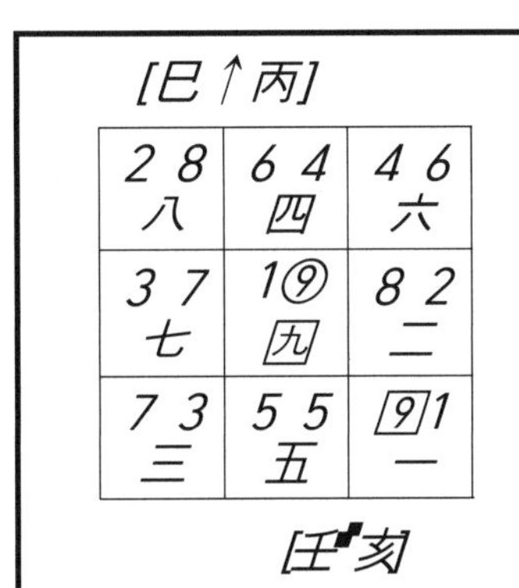

如^九運에
用´[巳⇑丙]向은,
堂中이
若^黑暗(흑암)이고,
而^
分金이 巳多丙少이면,
午後에 見´鬼神이다.

*黑(검을 흑)
*暗(어두울 암)

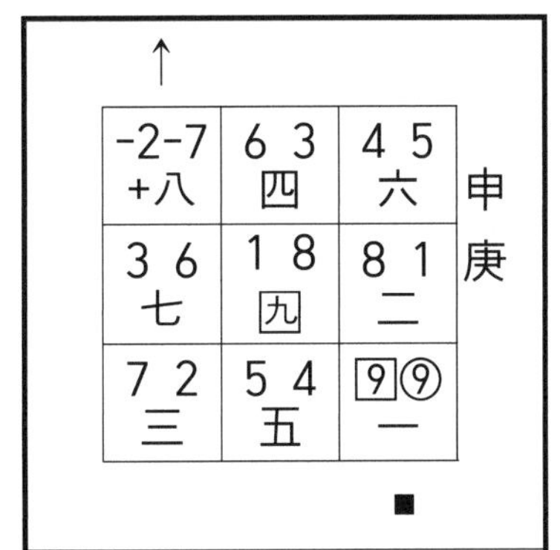

蓋^
九運에 亥山[下卦]에서
向上挨星이
〈2⑦八〉이고
替卦는
〈2⑧八〉인데

皆^爲´退氣가 管´向인데,
〈-2-⑦〉은 爲´陰이고
〈+八〉은 爲´陽이다.
〈2〉는 爲´〈五鬼〉이고, 忌´陰陽也이다.

*管(관리할 관)

「空縫(; 소공망)」은
爲´
同一卦中之^兩子의 平分(; 정중앙)으로
如^震卦[甲卯乙]에서,
[甲↑卯]·[卯↑乙]之^平分은,
合卦인 則^合十也이다.

*縫(꿰맬 봉)

如^

〈19〉〈27〉〈38〉〈46〉은,

主´用心(; 집중하다)´於^無用之處이다.

此^二句는

可^査(사; 조사하다)´

出卦・陰陽差錯(음양차착)所主之^事이다.

總之하여,

此^種의 立向은 已^不好인데,

若^失令인 則^更^嚴重(엄중; 심각)하다.

*査(사실할 사)
*差(어긋날 차)
*錯(섞일 착)
*總(거느릴 총)
*種(씨 종)
*嚴(엄할 엄)

47. 年紫白星; 길흉화복 시기예측

總之助吉助凶(총지 조길조흉),
年星推測(연성추측),
還看應先應後(환간 응선응후),
歲運經營(세운경영) 。

*總(거느릴 총)
*助(도울 조)
*推(옮을 추)
*測(잴 측)
*還(돌아올 환)
*應(응할 응)

한마디로 말해서 조길조흉(助吉助凶)은,
年星으로 추측하고,
다시 길흉조응(助吉助凶)의 선후를 알아,
세운(世運)으로 다스린다.

[鐘註]

以上^全文에서 所^言은,
皆^
爲´玄空挨星(현공애성)之^玄奇奧妙(현기오묘)이다.
此^外에 還(환; 게다가)^
要^看´客星
(; 年·月·日·時의 飛星인데,
以^年星이 爲´重)之^吊沖(적충; 則^合與沖)
인데,
因^
客星(객성)이란
(1) 可以^助´吉이고,
(2) 也(;~도)^可以^助´凶인데,

*玄(검을 현)
*妙(묘할 묘)
*吊(걸릴 적)
*沖(빌 충)
*客(손 객)
*助(도울 조)

吉·凶時은
原^天盤(; 運盤·向星·山星)·
地盤(; 元旦盤)之^吉凶으로
而^定이다;

(1) 原吉인 則^

錦上添花(금상첨화)이고,

(2) 原凶인 則^

落井下石(;우물에 빠진 사람에게 돌을 던짐;

雪上加霜[설상가상]의 의미)이다.

而^

吉凶之^應에는 有先有後인데,

須知(수지; 必)^「歲運經營(세운경영)」을----

知道´

(1) 大運(; 20년 단위)・

(2) 年星(; 1년 단위)・

(3) 太歲(; 1년 단위)的^挨星排法(애성배법)이다.

所以(소이; 그래서)^

欲(욕; ~하고싶다)^熟悉(숙실; 상세히 알다)´

本文的^精妙(정묘)之^處이면,

必須(필수)^熱習(열습)´

(1) 元運(; 3元9運)・

(2) 山向的^下卦・替卦挨星法・

(3) 靜盤挨星法(;

年月日時의 九星的^順逆排法)・

(4) 九星的^象意(상의: 의미)・

(5) 河圖(하도)・洛書(낙서)・

(6) 先後天八卦的^數理^和^卦象原理이다.

希望(희망)´學者가 勤習(근습)은,

絲毫(사호; 아주 작은 것)이라도

不可(; 안 된다)^錯誤(착오)이므로,

*錦(비단 금)
*添(더할 첨)
*落(떨어질 락)

#雪(눈 설)
#霜(서리 상)

*經(경영할 경)
*營(경영할 영)

*太(클 태)
*歲(해 세)
*排(밀칠 배)

*欲(하고자 할 욕)
*熟(익을 숙)
*悉(다 실)

*熱(더울 열)
*習(익힐 습)

*順(순할 순)
*逆(거스를 역)
*排(밀칠 배)

*希(바랄 희)
*望(바랄 망)
*勤(부지런할 근)
*絲(실 사)
*毫(가는 털 호)
*錯(섞일 착)

否(부; 그렇지 않음)인 則^
'差之毫釐(차지호리; 작은 차이의 잘못)이,
謬以千里(유이천리; 큰 오류)' 이므로,
自誤(자오; 본인의 오류)은 更^誤'人(타인)이다.

*誤(그릇할 오)
*否(아닐 부)
*差(어긋날 차)
*釐(다스릴 리);
1mm/30
*誤(그릇할 오)
*更(더욱 갱)

《飛星賦》
原文과 飜譯(번역)

01. 〈 -2㊏ 〉 ← 〈 +3㊍ 〉; 붕괴, 투우살(鬪牛殺)

試看(시간) 復壁揕身(복벽침신) 。

*鬪(싸움 투)
*試(시험할 시)
*復(돌아올 복)
*壁(벽 벽)
*揕(찌를 침)

02. 〈 +3㊍ 〉 ← 〈 +6㊎ 〉; 교통사고, 穿心殺(천심살)

壯途躓足 (장도지족) 。

*穿(뚫을 천)
*途(길 도)
*躓(넘어질 지)

03. 〈 +6㊎ 〉 ← 〈 -9㊋ 〉; 정력왕성

同人車馬馳驅 (동인 거마치구) 。

*馳(달릴 치)
*驅(달릴 구)

04. 〈 -4㊍ 〉 ← 〈 +6㊎ 〉; 헛고생

小畜(소축) 差徭勞碌(차요노록) 。

*差(어긋날 차)
*徭(부역 요)
*勞(일할 로)
*碌(자갈땅 록)

05. 〈 +3㊍ ← -7㊎ 〉; 부부싸움(; 천심살)

乙辛兮(을신혜), 家室分離(가실분리) 。

*兮(어조사 혜)

06. 〈 -7㊎ 〉 → 〈 -4㊍ 〉 자매간에 불화, 스캔들

辰酉兮(진유혜), 閨幃不睦(규위불목) 。

*閨(부녀자방 규)
*幃(휘장 위)
*睦(화목할 목)

07. 〈+8㊏-2㊏〉 ← 〈-4㊍〉; 교통사고

寅申觸巳(인신촉사),
曾聞虎啞家人(증문호질가인) 。

*觸(닿을 촉)
*曾(일찍 증)
*虎(범 호)
*啞(깨물 질)

08. 〈 +1㊌⇨+3㊍〉 ← 〈-7㊎ 〉;파괴, 穿心殺

*穿(뚫을 천)

壬甲排庚(임갑배경),
最異龍摧屋角(최이룡최옥각) 。

*排(밀칠 배)
*摧(부러뜨릴 최)

09. 〈-7金〉 〈-9㊋〉 〈-5㊏〉; 성병(性病)

靑樓染疾(청루염질),
只因七弼同黃(지인 칠필동황) 。

*樓(다락 루)
*染(물들일 염)
*疾(병 질)
*弼(도울 필:9)

10. 〈 +3㊍ 〉〈 -4㊍ 〉→〈 5㊏ 〉; 유행성 전염병

寒戶遭瘟(한호조온),
緣自三廉夾綠(연자 삼염협록) 。

*寒(찰 한)
*戶(지게 호)
*遭(만날 조)
*瘟(전염병 온)
*緣(인연 연)
*夾(낄 협)

11. 〈 -7㊎ 〉←〈 -9㊋ 〉; 화재

赤紫兮(적자혜),
致災有數(치재유수) 。

*兮(어조사 혜)
*致(이를 치)

12. 〈 +2㊏ 〉=〈 5㊏ 〉; 질병, 암, 불치병, 불구자

黑黃兮(흑황혜),
釀疾堪傷(양질감상) 。

*釀(빚을 양)
*堪(~할 감)

13. 〈 +6㊎ 〉⇦〈 +2㊏ 〉; 구두쇠

交至乾坤(교지건곤),
吝心不足(인심부족) 。

*至(이를 지)
*吝(아낄 린)

14. 〈 +3㊍ 〉=〈 -4㊍ 〉; 무능력자

同來震巽(동래진손),
昧事無常(매사무상) 。

*昧(어두울 매)
*常(항상 상)

15. 〈 +6戌㊎ 〉⇦〈 -2未㊏ 〉; 미신숭상, 독신남녀

戌未僧尼(술미승니),
自我有緣何益(자아유연하익) 。

*僧(중 승)
*尼(여승 니)
*緣(인연 연)
*益(더할 익)

16. 〈 +6㊎ 〉⇦〈 -2㊏ 〉; 귀신, 미신숭상. 사이비종교

乾坤神鬼(건곤귀신),
與他相剋非祥이다(여타상극 비상) 。

*與(더불어 여)
*祥(상서로울 상)

17. 〈 -1㊌ 〉⇨〈 +4㊍ 〉; 음탕(淫蕩)

當知四蕩一淫(당지사탕일음),
淫蕩者扶之歸正(음탕자부지귀정) 。

*淫(음란할 음)
*蕩(쓸어버릴 탕)
*扶(도울 부)
*歸(돌아갈 귀)

18. 〈 -7㊎ 〉➔〈 +3㊍ 〉; 천심살(穿心煞)

須識七剛三毅(수식 칠강삼의),
剛毅者制則生殃(강의자 제즉생앙) 。

*穿(뚫을 천)
*剛(굳셀 강)
*毅(굳셀 의)
*殃(재앙 앙)

19. 〈 +3㊍ 〉〈 -4㊍ 〉➔〈 5㊏ 〉; 中風 · 신경쇠약

碧綠風魔(벽록풍마),
他處廉貞莫見(타처염정막견) 。

*碧(푸를 벽)
*綠(초록빛 록)
*魔(마귀 마)
*立(입); 즉시

20. 〈 -9㊋ 〉〈 -5㊏ 〉/〈 -7㊎ 〉; 음독(飮毒)

紫黃毒藥(자황독약),
鄰宮兌口休嘗(인궁태구 휴상) 。

*鄰(이웃 린)=隣
*休(~마라 휴)
*嘗(맛볼 상)

21. 〈 -7㊎ 〉⇦〈 5㊏ 〉; 口부터 肺까지 질병(疾病)

西辛年(유신년), 戊已弔來(무기조래), 喉間有疾(후간질병) 。

*弔(걸 조)
*喉(목구멍 후)
*疾(병 질)

22. 〈 -1㊌ 〉🡐〈 5㊏ 〉; 생식기 질병·불임·유산

子癸歲(자계세), 廉貞飛到(염정비도), 陰處生瘍(음처생양) 。

*廉(청렴할 렴)
*瘍(종기 양)

23 〈 +3㊍ 〉🡒〈 -2㊏ 〉; 소화불량, 위장병

豫(예), 擬食停(의식정) 。

*豫(미리 예)
*擬(헤아릴 의)
*停(머무를 정)

24. 〈 -2㊏ 〉⇨〈 -7㊎ 〉; 설사

臨(임), 云泄痢(운설리) 。

*泄(샐 설)
*痢(설사 리)

25. 〈 +6㊎ 〉🡒〈 +3㊍ 〉; 머리질환

頭響兮六三 (두향혜육삼) 。

*頭(머리 두)
*響(울림 향)

26. 〈 -4㊍ 〉〈 5㊏ 〉; 유방암

乳癰兮四五 (유옹혜 사오) 。

*乳(젖 유)
*癰(악창 옹)

27. 〈 9㊋ 〉⇨〈 -2㊏5㊏) 〉; 멍청이

火暗而神志難淸 (화암이신지난청) 。

*暗(어두울 암)

28. 〈 -4㊍ 〉🡐〈8艮㊏〉; 기관지질환, 중풍

風鬱而氣機不利 (풍울이 기기불리) 。

*鬱(막힐 울)
*機(틀 기)

29. 〈 2肉 〉〈 3神經 〉〈 9心腸, 眼 〉〈 8鼻 〉

切莫傷夫坤肉震筋(절막상부곤육진근),
豈堪損乎離心艮鼻(기감손호리심간비) 。

*眼(눈 안)
*切(끊을 절)
*豈(어찌 기)
*堪(~할 감)
*鼻(코 비)

30. 〈 +3㊍ 〉〈 -4㊍ 〉/ 形氣論과 理氣論

震之聲(진지성), 巽之色(손지색),
向背當明(향배당명) 。

*聲(소리 성)
*色(얼굴빛 색)
*背(등 배)

31. 〈 +6㊎ 〉⇦〈 -2㊏ 〉; 학질[;장티푸스]

乾爲寒(건위한), 坤爲熱(곤위열),
往來切記(왕래절기) 。

*寒(찰 한)
*熱(더울 열)
*往(갈 왕)

32. 〈 +6㊎ 〉+失運 ; 무지(無知)

須識乾爻門向(수식건효문향),
長子癡迷(장자치미) 。

*須(모름지기 수)
*癡(어리석을 치)
*迷(미혹할 미)

33. 〈 -2㊏ 〉〈 +8㊏ 〉; 어린이 병약

誰知坤卦庭中(수지곤괘정중),
小兒顦顇(소아초췌) 。

*誰(누구 수)
*庭(뜰 정)
*顦(파리할 초)
*顇(파리할 췌)

34. 〈3碧㊍〉〈4綠㊍〉+反側; 몰인정

因星度象(인성도상),
木反側兮無仁(목반측혜무인) 。

*反側(반배하다 따르지 않다)

35. 〈 -1白 〉+不合; 실지(失志)

以象推星(이상추성),
水欹斜兮失志(수의사혜실지) 。

*欹(기울 의)
*斜(비낄 사)

36. 陰卦〈 -2 · -4 · -7 · -9 〉; 음란, 몰염치, 질투

砂形破碎(사형파쇄), 陰神値而淫亂無羞(음신치이음란무수) 。

*鬪(싸움 투)
*破(깨뜨릴 파)
*碎(부술 쇄)
*羞(바칠 수)

37. 陽卦〈 +1 · +3 · +6 · +8 〉; 시비, 충돌, 폭력

水勢斜衝(수세사충), 陽卦憑則是非牽累(양괘빙즉 시비견루) 。

*憑(의거할 빙,
*牽(끌 견)
*累(묶을 루)

38. 〈 -4㊍ 〉/ [反抱(반포)]; 떠돌이 ,거지

巽如反臂(여여반비), 總憐流落無歸(총린유락무귀) 。

*臂(팔 비)
*總(역시 총)
*憐(불쌍할 련)

39. 〈 -6㊎ 〉/ [斷頭山][繩索水]; 교살(絞殺)

乾若懸頭(건약현두), 更痛遭刑莫避(경통조형막피) 。

*繩(줄 승)
*索(동아줄 삭)
*遭(만날 조)
*避(피할 피)

40. 〈 7 〉/ [호로(葫蘆)]; 의사(醫師).
〈 7 〉/ [도잔(刀盞)]; 정육점(精肉店), 주점(酒店)

七有葫蘆之異(칠유호로지이), 醫卜興家(의복흥가) 。 七逢刀盞之形(칠봉도잔지형), 屠沽居肆(도고거사) 。

*葫병 호)
*蘆(갈대 로)
*醫(의원 의)
*卜(점 복)

41. 〈 3㊍ 〉; 목공예. 〈 7㊎ 〉; 금속공예

旁通推測(방통추측), 木工因斧鑿「三宮」(목공인부착삼궁), 觸類引伸(촉류인신), 鐵匠緣鉗鎚「七地」(철장연겸추칠지) 。

*旁(두루 방)
*斧(도끼 부)
*鑿(뚫을 착)
*觸(닿을 촉)
*匠(장인 장)
*鉗(집게 겸)
*鎚(쇠망치 추)

42. 〈 失令 〉+[貴砂]= 非宜

〈 7刑 〉+凶砂=刀傷

〈 3賊 〉+凶砂=火災

至若蛾眉魚袋(지약아미어대),衰卦非宜(쇠괘비의) 。 猶之旗鼓刀鎗(유지기고도쟁), 賤龍則忌(천룡즉기) 。 赤爲刑曜(적위형요), 那堪「射脅水」方(나감「사협수」방); 碧本賊星(벽본적성), 怕見「探頭山」位(파견「탐두산」위) 。

*蛾(나방 아)
*眉(눈섭 미)
*袋(자루 대)
*猶(같을 유)
*曜(빛날 요)
*堪(견딜 감)
*怕(두려워할 파)

43. 〈 2申 〉+[尖山]; 소송

〈 4辰 〉+[파쇄(破碎)]; 싸움, 전쟁

若夫申尖(약부신첨) 興訟(흥송) 。 辰碎遭兵(진쇄조병) 。

*尖(뾰족할 첨)
*訟(송사할 송)
*碎(부술 쇄)

44. 〈 1㊌⇨4㊍ 〉← 〈 7㊎ 〉; 결단력 부족

〈 7㊎ 〉→ 〈 3㊍⇨9㊋ 〉; 각박(刻薄)

破近文貪(파근문탐), 秀麗乃溫柔之本(수려내 온유지본) 。 赤連碧紫(적련벽자), 聰明亦刻薄之萌(총명역각박지맹) 。

*溫(따뜻할 온)
*柔(부드러울 유)
*刻(새길 각)
*薄(엷을 박)
*萌(싹 맹)

45. 〈 5黃 〉+[用神水]; 예측불가 凶事

〈 太歲 〉; 吉上加吉, 凶上加凶

五黃飛到三叉(오황비도삼차), 尙嫌多事이다(상혐다사) 。 太歲推來向首(태세추래향수), 尤屬堪驚(향수우속감경) 。

*叉(깍지 낄 차)
*嫌(싫어할 혐)
*推(옮을 추)
*堪(충분할 감)
*驚(놀랄 경)
*尤(우;재앙, 실패)

46. 騎線(기선; 대공망)+空縫(공봉; 소공망)=騎縫(기봉)

豈無「騎線」遊魂(기무기선유혼),
鬼神入室(귀신입실) ｡
更有「空縫」合卦(경유공봉합괘),
夢寐牽情(몽매견정) ｡

*騎(말 탈 기)
*縫(꿰맬 봉)
*寄(맡길 기)
*抛(버릴 포)
*寐(잠잘 매)
*牽(끌 견)

47. 年紫白星; 길흉화복 시기예측

總之助吉助凶(총지 조길조흉),
年星推測(연성추측),
還看應先應後(환간 응선응후),
歲運經營(세운경영) ｡

1運《1864-1883년》(下卦·替卦)飛星盤

坐＼卦	下卦	替卦	坐＼卦	下卦	替卦
壬	7九4 2五9 9七2 8八3 -6+5 4三7 3四8 1六① 5二6	←	丙	4九7 9五2 2七9 3九8 +5-6 7三4 8四3 1六① 6二5	←
子	5九6 1五① 3七8 4八7 +6-5 8三3 9四2 2六9 7二4	←	午	6九5 1五① 8七3 7八4 -5+6 3三8 2四9 9六2 4二7	←
癸	↑	↖	丁	↑	↖
丑	5九6 9五2 7七4 6八5 -4+7 2三9 1四① 8六3 3二8	7九8 2五4 9七6 8八7 -6+9 4三2 3四3 1六5 5二①	未	6九5 2五9 4七7 5八6 +7-4 9三2 1四① 3六8 8二3	8九7 4五2 6七9 7八8 +9-6 2三4 3四3 5六① 1二5
艮	3九8 8五3 1七① 2八9 +4-7 6三5 7四4 9六2 5二6	5九8 1五3 3七① 4八9 +6-7 8三5 9四4 2六2 7二6	坤	8九3 3五8 1七① 9八2 -7+4 5三6 4四7 2六9 6二5	8九5 3五① 1七3 9八4 -7+6 5三8 4四9 2六2 6二7
寅	↑	↑	申	↑	↑
甲	9九2 4五7 2七9 1八① -8+3 6三5 5四6 3六8 7二4	8九9 3五5 1七7 9八8 -7+① 5三3 4四4 2六6 6二2	庚	2九9 7五4 9七2 1八① -3+8 5三6 6四5 8六3 4二7	9九8 5五3 7七① 8八9 +1-7 3三5 4四4 6六2 2二6
卯	7九4 3五8 5七6 6八5 +8-3 1三① 2四9 4六7 9二2	6九3 2五7 4七5 5八4 +7-2 9三9 1四8 3六6 8二①	酉	4九7 8五3 6七5 5八6 -3+8 1三① 9四2 7六4 2二9	3九6 7五2 5七4 4八5 -2+7 9三9 8四① 6六3 1二8
乙	↑	8九3 4五7 6七5 7八4 +9-2 2三9 3四8 5六6 1二①	辛	↑	3九8 7五4 5七6 4八7 -2+9 9三2 8四3 6六5 1二①
辰	8九3 4五7 6七5 7八4 +9-2 2三9 3四8 5六6 1二①	6九3 2五7 4七5 5八4 +7-2 9三9 1四8 3六6 8二①	戌	3九8 7五4 5七6 4八7 -2+9 9三2 8四3 6六5 1二①	3九6 7五2 5七4 4八5 -2+7 9三9 8四① 6六3 1二8
巽	7九① 5五6 3七8 2八9 -9+2 7三4 6四5 4六7 8二3	←	乾	1九① 6五5 8七3 9八2 +2-9 4三7 5四6 7六4 3二8	←
巳	↑	1九9 5五5 3七7 2八8 -9+① 7三3 6四4 4六6 8二2	亥	↑	9九① 5五5 7七3 8八2 +1-9 3三7 4四6 6六4 2二8

2運《1884-1903》(下卦·替卦)飛星盤

坐＼卦	下卦	替卦	坐＼卦	下卦	替卦
壬	6一7 [2]六② 4八9 5九8 +7-6 ◉二 9四4 1五3 3七1 8三5	8一7 4六② 6八9 7九8 +9-6 二 [2]四4 3五3 5七1 1三5	丙	7一6 [2]②六 9八4 8九5 -6+7 ▲二 4四9 3五1 1七3 5三8	7一8 [2]六4 9八6 8九7 -6+9 二 4四② 3五3 1七5 5三1
子	8一5 3六1 1八3 9九4 -7+6 ▲二 5四8 4五9 [2]七② 6三7	←	午	5一8 1六3 3八1 4九9 +6-7 ◉二 8四5 9五4 [2]②七 7三6	←
癸	‖ ↑	↖	丁	‖ ↑	↖
丑	6一9 1六4 8八② 7九1 -5-8 ※二 3四6 [2]五5 9七3 4三7	6一8 1六3 8八1 7九9 -5-7 二 3四5 [2]五4 9七② 4三6	未	9一6 4六1 [2]八8 1九7 -8-5 ※二 6四3 5五② 3七9 7三4	8一6 3六1 1八8 9九7 -7-5 二 5四3 4五② [2]七9 6三4
艮	4一7 9六3 [2]八5 3九6 +5+8 X二 7四1 8五② 1七4 6三9	4一6 9六② [2]八4 3九5 +5+7 二 7四9 8五1 1七3 6三8	坤	7一4 3六9 5八② 6九3 +8+5 X二 1四7 [2]五8 4七1 9三6	6一4 [2]六9 4八② 5九3 +7+5 二 9四7 1五8 3七1 8三6
寅	↑	4一8 9六4 [2]八6 3五7 +5+9 二 7四② 8五3 1七5 6三1	申	↑	8一4 4六9 6八② 7九3 +9+5 二 [2]四7 3五8 5七1 1三6
甲	8一5 4六9 6八7 7九6 +9-4 ◉二 [2]四② 3五1 5七8 1三3	6一7 [2]六② 4八9 5九8 +7-6 二 9四4 1五3 3七1 8三5	庚	5一8 9六4 7八6 6九7 -4+9 ▲二 [2]四② 1五3 8七5 3三1	7一6 [2]六② 9八4 8九5 -6+7 二 4四9 3五1 1七3 5三8
卯	1一3 5六8 3八1 [2]九② -9+4 ▲二 7四6 6五7 4七9 8三5	1一5 5六1 3八3 [2]九4 -9+6 二 7四8 6五9 4七② 8三7	酉	3一1 8六5 1八3 [2]九② +4-9 ◉二 6四7 7五6 9七4 5三8	5一1 1六5 3八3 4九② +6-9 二 8四7 9五6 [2]七4 7三8
乙	‖ ↑	// ↑	辛	‖ ↑	// ↑
辰	9一② 5六7 7八9 8九1 +1+3 X二 3四5 4五6 6七8 [2]三4	1一9 6六5 8八7 9九8 +[2]+1 二 4四3 5五4 7七6 3三②	戌	[2]一9 7六5 9八7 1九8 +3+1 X二 5四3 6五4 8七6 4三②	9一1 5六6 7八8 8九9 +1+② 二 3四4 4五5 6七7 [2]三3
巽	[2]一4 6六8 4八6 3九5 -1-3 ※二 8四1 7五9 5七7 9三②	[2]一3 6六7 4八5 3九4 -1-② 二 8四9 7五8 5七6 9三1	乾	4一② 8六6 6八4 5九3 -3-1 ※二 1四8 9五7 7七5 [2]三9	3一② 7六6 5八4 4九3 -[2]-1 ㊁ 9四8 8五7 6七5 1三9
巳	‖ ↑	// ↑	亥	‖ ↑	// ↑

3運《1904-1923》(下卦·替卦) 飛星盤

坐＼卦	下卦	替卦	坐＼卦	下卦	替卦
壬	9二6 4七2 2九4 1一5 -8+7▲三 6五9 5六1 [3]八③ 7四8	8二8 [3]七4 1九6 9一7 -7+9三 5五2 4六③ 2八5 6四1	丙	6二9 2七4 4九2 5一1 +7-8◎三 9五6 1六5 [3]八③ 8四7	8二8 4七③ 6九1 7一9 +9-7三 2五5 [3]六4 5八2 1四6
子	7二8 [3]七③ 5九1 6一9 +8-7◎三 1五5 2六4 4八2 9四6	6二8 2七③ 4九1 5一9 +7-7三 9五5 1六4 [3]八2 8四6	午	8二7 [3]七③ 1九5 9一6 -7+8▲三 5五1 4六2 2八4 6四9	8二6 [3]七2 1九4 9一5 -7+7三 5五9 4六1 2八③ 6四8
癸	⬆	8二8 4七③ 6九1 7一9 +9-7三 2五5 [3]六4 5八2 1四6	丁	‖ ⬆	8二8 [3]七4 1九6 9六7 -7+9三 5五2 4六③ 2八5 6四1
丑	7二8 2七4 9九6 8一7 -6+9▲三 4五2 [3]六③ 1八5 5四1	7二6 2七2 9九4 8一5 -6+7三 4五9 [3]六1 1八③ 5四8	未	8二7 4七2 6九9 7一8 +9-6◎三 2五4 [3]六③ 5八1 1四5	6二7 2七2 4九9 5一8 +7-6三 9五4 1六③ [3]八1 8四5
艮	5二1 1七5 [3]九③ 4一2 +6-9◎三 8五7 9六6 2八4 7四8	⬅ //	坤	1二5 5七1 [3]九③ 2一4 -9+6▲三 7五8 6六9 4八2 8四7	⬅ //
寅	‖ ⬆	// ↖	申	‖ ⬆	// ↖
甲	9二4 5七9 7九2 8一③ +1+5✕三 [3]五7 4六8 6八1 2四6	1二4 6七9 8九2 9一③ +2+5三 4五7 5六8 7八1 [3]四6	庚	4二9 9七5 2九7 [3]一8 +5+1✕三 7五③ 8六4 1八6 6四2	4二1 9七6 2九8 [3]一9 +5+2三 7五4 8六5 1八7 6四③
卯	2二6 6七1 4九8 [3]一7 -1-5※三 8五③ 7六2 5八9 9四4	⬅ //	酉	6二2 1七6 8九4 7一③ -5-1※三 [3]五8 2六7 9八5 4四9	⬅ //
乙	‖ ⬆	// ↖	辛	‖ ⬆	// ↖
辰	[3]二5 7七9 5九7 4一6 -2-4※三 9五2 8六1 6八8 1四③	[3]二7 7七2 5九9 4一8 -2-6三 9五4 8六③ 6八1 1四5	戌	5二③ 9七7 7九5 6一4 -4-2※三 2五9 1六8 8八6 [3]四1	7二③ 2七7 9九5 8一4 -6-2三 4五9 [3]六8 1八6 5四1
巽	1二③ 6七8 8九1 9一2 +2+4✕三 4五6 5六7 7八9 [3]四5	1二5 6七1 8九③ 9一4 +2+6三 4五8 5六9 7八2 [3]四7	乾	[3]二1 8七6 1九8 2一9 +4+2✕三 6五4 7六5 9八7 5四③	5二1 1七6 [3]九8 4一9 +6+2三 8五4 9六5 2八7 7四③
巳	‖ ⬆	9二5 5七1 7九③ 8一4 +1+6三 [3]五8 4六9 6八2 2四7	亥	‖ ⬆	5二9 1七5 [3]九7 4一8 +6+1三 8五③ 9六4 2八6 7四2

4運《1924-1943》(下卦·替卦) 飛星盤

坐＼卦	下卦	替卦	坐＼卦	下卦	替卦
壬	8三9 [4]八④ 6一2 7二1 +9-8 ●四 2六6 3七5 5九3 1五7	6三8 2八3 [4]一1 9二5 +7-7 四 95六 1七④ 3九2 8五6	丙	9三8 [4]八④ 2一6 1二7 -8+9 ▲四 6六2 5七3 3九5 7五1	8三6 3八2 1一④ 9二5 -7+7 四 5六9 [4]七1 2九3 6五8
子	1三7 5八3 3一5 2二6 -9+8 ▲四 7六1 6七2 [4]九④ 8五9	1三6 5八2 3一④ 2二5 -9+7 四 7六9 6七1 [4]九3 8五8	午	7三1 3八5 5一3 6二2 +8-9 ●四 1六7 2七6 [4]九④ 9五8	6三1 2八5 [4]一3 5二2 +7-9 四 9六7 1七6 3九④ 8五8
癸	‖ ↑	1三8 5八④ 3一6 2二7 -9+9 四 7六2 6七3 [4]九5 8五1	丁	‖ ↑	8三1 [4]九5 6一3 7二2 +9-9 四 2五7 3七6 5九④ 1五8
丑	6三9 2八5 [4]一7 5二8 +7+1 ✕四 9六3 1七④ 3九6 8五2	8三1 [4]八6 6一8 7二9 +9+2 四 2六④ 3七5 5九7 1五3	未	9三6 5八2 7一④ 8二5 +1+7 ✕四 3六9 [4]七1 6九3 2五8	1三8 6八④ 8一6 9二7 +2+9 四 [4]六2 5七3 7九5 3五1
艮	8三2 3八6 1一④ 9二3 -7-1 ※四 5六8 [4]七7 2九5 6五9	← ‖	坤	2三8 6八3 [4]一1 3二9 -1-7 ※四 8六5 7七④ 5九2 9五6	← ‖
寅	‖ ↑	‖ ↖	申	‖ ↑	‖ ↖
甲	3三7 7八2 5一9 [4]二8 -2-6 ※四 9六④ 8七3 6九1 1五5	←	庚	7三3 2八7 9一5 8二④ -6-2 ※四 [4]六9 3七8 1九6 5五1	←
卯	1三5 6八1 8一3 9二④ +2+6 ✕四 [4]六8 5七9 7九2 3五7	←	酉	5三1 1八6 3一8 [4]二9 +6+2 ✕四 8六④ 9七5 2九7 7五3	←
乙	‖ ↑	9三5 5八1 7一3 8二④ +1+6 四 3六8 [4]七9 6九2 2五7	辛	‖ ↑	5三9 1八5 3一7 [4]二8 +6+1 四 8六3 9七4 2九6 7五2
辰	2三6 7八1 9一8 1二7 +3-5 ●四 5六3 6七2 8九9 [4]五④	9三6 5八1 7一8 8二7 +1-5 四 3六3 [4]七2 6九9 2五④	戌	6三2 1八7 8一9 7二1 -5+3 ▲四 3六5 2七6 9九8 [4]五④	6三9 1八5 8一7 7二8 -5+1 四 3六3 2七④ 9九6 [4]五2
巽	[4]三④ 8八9 6一2 5二3 -3+5 ▲四 1六7 9七8 7九1 2五6	3三④ 7八9 5一2 [4]二3 -2+5 四 9六7 8七8 6九1 1五6	乾	[4]三④ 9八8 2一6 3二5 +5-3 ●四 7六1 8七9 1九7 6五2	[4]三3 9八7 2一5 3二④ +5-2 四 7六9 8七8 1九6 6五1
巳	‖ ↑	‖ ↑	亥	‖ ↑	‖ ↑

5運《1944-1963》(下卦·替卦) 飛星盤

坐\卦	下卦	替卦	坐\卦	下卦	替卦
壬	9四8 仐九4 7二6 8三7 +1+9五 3七2 4八3 6一⑤ 2六1	1四6 6九2 8二4 9三⑤ +2+7五 4七9 仐八1 7一3 3六8	丙	8四9 4九⑤ 6二7 7三8 +9+1五 2七3 3八4 仐一6 1六2	6四1 2九6 4二8 仐三9 +7+2五 9七4 1八⑤ 3一7 8六3
子	2四1 6九⑤ 4二3 3三2 -1-9※五 8七7 7八6 仐一4 9六8	←	午	1四2 仐九6 3二4 2三3 -9-1※五 7七8 6八7 4一⑤ 8六9	← //
癸	↑	↖	丁	↑	↖
丑	9四3 4九7 2二⑤ 1三4 -8-2※五 6七9 仐八8 3一6 7六1	8四3 3九7 1二⑤ 9三4 -7-2五 仐七9 4八8 2一6 6六1	未	3四9 7九4 仐二2 1 4三 -2-8※五 9七6 8八⑤ 6一3 1六7	3四8 7九3 仐二1 4三9 -2-7五 9七⑤ 8八4 6一2 1六6
艮	7四1 3九6 仐二8 6三9 +8+2✗五 1七4 2八⑤ 4一7 9六3	6四1 2九6 4二8 仐三9 +7+2五 9七4 1八⑤ 3一7 8六3	坤	1四7 6九3 8二⑤ 9三6 +2+8✗五 4七1 仐八2 7一4 3六9	1四6 6九2 8二4 9三⑤ +2+7五 4七9 仐八1 7一3 3六8
寅	‖ ↑	8四9 4九⑤ 6二7 7三8 +9+1五 2七3 3八4 仐一6 1六2	申	‖ ↑	9四8 仐九4 7二6 8三7 +1+9五 3七2 4八3 6一⑤ 2六1
甲	2四6 7九2 9二4 1三⑤ +3+7✗五 仐七9 6八1 8一3 4六8	9四8 仐九4 7二6 8三7 +1+9五 3七2 4八3 6一⑤ 2六1	庚	6四2 2九7 4二9 仐三1 +7+3✗五 9七⑤ 1八6 3一8 8六4	8四9 4九⑤ 6二7 7三8 +9+1五 2七3 3八4 仐一6 1六2
卯	4四8 8九3 6二1 仐三9 -3-7※五 1七⑤ 9八4 7一2 2六6	3四8 7九3 仐二1 4三9 -2-7五 9七⑤ 8八4 6一2 1六6	酉	8四4 3九8 1二6 9三⑤ -7-3※五 仐七1 4八9 2一7 6六2	8四3 3九7 1二⑤ 9三4 -7-2五 仐七9 4八8 2一6 6六1
乙	‖ ↑	// ↑	辛	‖ ↑	// ↑
辰	仐四7 9九2 7二9 6三8 -4-6※五 2七4 1八3 8一1 3六⑤	7四7 2九2 9二9 8三8 -6-6五 4七4 3八3 1一1 仐六⑤	戌	7四⑤ 2九9 9二7 8三6 -6-4※五 4七2 3八1 1一8 仐六3	7四7 2九2 9二9 8三8 -6-6五 4七4 3八3 1一1 仐六⑤
巽	3四⑤ 8九1 1二3 2三4 +4+6✗五 6七8 7八9 9一2 仐六7	仐四⑤ 1九1 3二3 4三4 +6+6五 8七8 9八9 2一2 7六7	乾	仐四3 1九8 3二1 4三2 +6+4✗五 8七6 9八7 2一9 7六⑤	仐四⑤ 1九1 3二3 4三4 +6+6五 8七8 9八9 2一2 7六7
巳	‖ ↑	// ↑	亥	‖ ↑	// ↑

6運《1964-1983年》(下卦·替卦) 飛星盤

坐＼卦	下卦	替卦	坐＼卦	下卦	替卦
壬	3五9 7一5 5三7 4四8 -2+1六 9八3 8九4 6二6 1七2	3五1 7一6 5三8 4四9 -2+2六 9八4 8九5 6二7 1七3	丙	9五3 5一7 7三5 8四4 +1-2六 3八9 4九8 6二6 2七1	1五3 6一7 8三5 9四4 +2-2六 4八9 5九8 7二6 3七1
子	1五2 6一6 8三4 9四3 +2-1六 4八8 5九7 7二5 3七9	1五2 6一6 8三4 9四3 +2-1六 4八8 5九7 7二5 3七9	午	2五1 6一6 4三8 3四9 -1+2六 8八4 7九5 5二7 9七3	2五1 6一6 4三8 3四9 -1+2六 8八4 7九5 5二7 9七3
癸	‖ ↑	9五2 5一6 7三4 8四3 +1-1六 3八8 4九7 6二5 2七9	丁	‖ ↑	2五9 6一5 4三7 3四8 -1+1六 8八3 7九4 5二6 9七2
丑	8五2 4一7 6三9 7四1 +9+3六 2八5 3九6 5二8 1七4	6五9 2一5 4三7 5四8 +7+1六 9八3 1九4 3二6 8七2	未	2五8 7一4 9三6 1四7 +3+9六 5八2 6九3 8二5 4七1	9五6 5一2 7三4 8四5 +1+7六 3八9 4九1 6二3 2七8
艮	1五4 5一8 3三6 2四5 -9-3六 7八1 6九9 4二7 8七2	1五3 5一7 3三5 2四4 -9-2六 7八9 6九8 4二6 8七1	坤	4五1 8一5 6三3 5四2 -3-9六 1八7 9九6 7二4 2七8	3五1 7一5 5三3 4四2 -2-9六 9八7 8九6 6二4 1七8
寅	‖ ↑	1五3 5一7 3三5 2四4 -9-2六 7八9 6九8 4二6 8七1	申	‖ ↑	↑
甲	5五9 9一4 7三2 6四1 -4-8六 2八6 1九5 8二3 3七7	7五8 2一3 9三1 8四9 -6-7六 4八5 3九4 1二2 5七6	庚	9五5 4一9 2三7 1四6 -8-4六 6八2 5九1 3二8 7七3	8五7 3一2 1三9 9四8 -7-6六 5八4 4九3 2二1 6七5
卯	3五7 8一3 1三5 2四6 +4+8六 6八1 7九2 9二4 5七9	5五6 1一2 3三4 4四5 +6+7六 8八9 9九1 2二3 7七8	酉	7五3 3一8 5三1 6四2 +8+4六 1八6 2九7 4二9 9七5	6五5 2一1 4三3 5四4 +7+6六 9八8 1九9 3二2 8七7
乙	‖ ↑	5五8 1一4 3三6 4四7 +6+9六 8八2 9九3 2二5 7七1	辛	‖ ↑	8五5 4一1 6三3 7四4 +9+6六 2八8 3九9 5二2 1七7
辰	6五6 1一2 8三4 7四5 -5+7六 3八9 2九1 9二3 4七8	6五8 1一4 8三6 7四7 -5+9六 3八2 2九3 9二5 4七1	戌	6五6 2一1 4三8 5四7 +7-5六 9八3 1九2 3二9 8七4	8五6 4一1 6三8 7四7 +9-5六 2八3 3九2 5二9 1七4
巽	4五8 9一3 2三1 3四9 +5-7六 7八5 8九4 1二2 6七6	4五8 9一3 2三1 3四9 +5-7六 7八5 8九4 1二2 6七6	乾	8五4 3一9 1三2 9四3 -7+5六 5八7 4九8 2二1 6七6	8五4 3一9 1三2 9四3 -7+5六 5八7 4九8 2二1 6七6
巳	↑	↑	亥	‖ ↑	‖ ↑

7運《1984-2003年》(下卦·替卦) 飛星盤

坐\卦	下卦	替卦	坐\卦	下卦	替卦
+壬	2六3 7二⑦ 9四5 1五4 +3-2 ◉七 5九9 6一8 8三6 4八1	9六3 5二⑦ 7四5 8五4 +1-2 七 3九9 4一8 6三6 2八1	-丙	3六2 7二⑦ 5四9 4五1 -2+3 ▲七 9九5 8一6 6三8 1八4	3六9 7二5 5四⑦ 4五8 -2+1 七 9九3 8一4 6三6 1八2
-子	4六1 8二6 6四8 5五9 -3+2 ▲七 1九4 9一5 7三⑦ 2八3	3六1 7二6 5四8 4五9 -2+2 七 9九4 8一5 6三⑦ 1八3	+午	1六4 6二8 8四6 9五5 +2-3 ◉七 4九1 5一9 7三⑦ 3八2	1六3 6二⑦ 8四5 9五4 +2-2 七 4九9 5一8 7八6 3八1
-癸	‖ ↑	3六9 7二5 5四⑦ 4五8 -2+1 七 9九3 8一4 6三6 1八2	+丁	‖ ↑	9六3 5二⑦ 7四5 8五4 +1-2 七 3九9 4一8 6三6 2八1
+丑	9六5 5二9 7四⑦ 8五6 +1-4 ◉七 3九2 4一1 6三8 2八3	1六⑦ 6二2 8四9 9五8 +2-6 七 4九4 5一3 7三1 3八5	-未	5六9 9二5 7四⑦ 6五8 -4+1 ▲七 2九3 1一4 8三6 3八2	7六1 2二6 9四8 8五9 -6+2 七 4九4 3一5 1三⑦ 5八3
-艮	2六3 6二8 4四1 3五2 -1+4 ▲七 8九6 7一⑦ 5三9 9八5	2六5 6二1 4四3 3五4 -1+6 七 8九8 7一9 5三2 9八⑦	+坤	3六2 8二6 1四4 2五3 +4-1 ◉七 6九8 7一⑦ 9三5 5八9	5六2 1二6 3四4 4五3 +6-1 七 8九8 9一⑦ 2三5 7八9
-寅	‖ ↑	↑	+申	‖ ↑	↑
+甲	4六8 9二4 2四6 3五⑦ +5+9 七 7九2 8一3 1三5 6八1	4六6 9二2 2四4 3五5 +5+⑦ 七 7九9 8一1 1三3 6八8	+庚	8六4 4二9 6四2 7五3 +9+5 七 2九⑦ 3一8 5三1 1八6	6六4 2二9 4四2 5五3 +7+5 七 9九⑦ 1一8 3三1 8八6
-卯	6六1 1二5 8四3 7五2 -5-9 ※七 3九⑦ 2一6 9三4 4八8	= ←	-酉	1六6 5二1 3四8 2五⑦ -9-5 ※七 7九3 6一2 4三9 8八4	= ←
-乙	‖ ↑	// = ↖	-辛	‖ ↑	// = ↖
-辰	7六9 2二4 9四2 8五1 -6-8 ※七 4九6 3一5 1三3 5八⑦	7六8 2二3 9四1 8五9 -6-⑦ 七 4九5 3一4 1三2 5八6	-戌	9六⑦ 4二2 2四9 1五8 -8-6 ※七 6九4 5一3 3三1 7八5	8六⑦ 3二2 1四9 9五8 -7-6 七 5九4 4一3 2三1 6八5
+巽	5六⑦ 1二3 3四5 4五6 +6+8 ✕七 8九1 9一2 2三4 7八9	5六6 1二2 3四4 4五5 +6+⑦ 七 8九9 9一1 2三3 7八8	+乾	7六5 3二1 5四3 6五4 +8+6 ✕七 1九8 2一9 4三2 9八⑦	6六5 2二1 4四3 5五4 +7+6 七 9九8 1一9 3三2 8八⑦
+巳	‖ ↑	5六8 1二4 3四6 4五⑦ +6+9 七 8九2 9一3 2三5 7八1	+亥	‖ ↑	8六5 4二1 6四3 7五4 +9+6 七 2九8 3一9 5三2 1八⑦

8運《2004-2023年》(下卦·替卦) 飛星盤

坐\卦	下卦	替卦	坐\卦	下卦	替卦
－壬	5七2 9三7 7五9 6六1 -4+3▲八 2一5 1二6 8四8 3九4	7七9 2三5 9五7 8六8 -6+1八 4一3 3二4 1四6 5九2	＋丙	2七5 7三9 9五7 1六6 +3-4◎八 5一2 6二1 8四8 4九3	9七7 5三2 7五9 8六8 +1-6八 3一4 4二3 6四1 2九5
＋子	3七4 8三8 1五6 2六5 +4-3◎八 6一1 7二9 9四7 5九2	5七3 1三7 3五5 4六4 +6-2八 8一9 9二8 2四6 7九1	－午	4七3 8三8 6五1 5六2 -3+4▲八 1一6 9二7 7四9 2九5	3七5 7三1 5五3 4六4 -2+6八 9一8 8二9 6四2 1九7
＋癸	‖ ⬆	// ⬆	－丁	⬆	// ⬆
－丑	3七6 7三1 5五8 4六7 -2-5※八 9一3 8二2 6四9 1九4	⬅	－未	6七3 1三7 8五5 7六4 -5-2※八 3一9 2二8 9四6 4九1	⬅
＋艮	1七4 6三9 8五2 9六3 +2+5×八 4一7 5二8 7四1 3九6	⬅	＋坤	4七1 9三6 2五8 3六9 +5+2×八 7一4 8二5 1四7 6九3	⬅
＋寅	⬆	9七4 5三9 7五2 8六3 +1+5八 3一7 4二8 6四1 2九6	＋申	⬆	4七9 9三5 2五7 3六8 +5+1八 7一3 8二4 1四6 6九2
－甲	7七9 2三5 9五7 8六8 -6+1▲八 4一3 3二4 1四6 5九2	7七1 2三6 9五8 8六9 -6+2八 4一4 3二5 1四7 5九3	＋庚	9七7 5三2 7五9 8六8 +1-6◎八 3一4 4二3 6四1 2九5	1七7 6三2 8五9 9六8 +2-6八 4一4 5二3 7四1 3九5
＋卯	5七2 1三6 3五4 4六3 +6-1◎八 8一8 9二7 2四5 7九9	⬅	－酉	2七5 6三1 4五3 3六4 -1+6▲八 8一8 7二9 5四2 9九7	⬅
＋乙	⬆	↖	－辛	⬆	↖
＋辰	6七8 2三4 4五6 5六7 +7+9×八 9一2 1二3 3四5 8九1	8七6 4三2 6五4 7六5 +9+7八 2一9 3二1 5四3 1九8	＋戌	8七6 4三2 6五4 7六5 +9+7×八 2一9 3二1 5四3 1九8	6七8 2三4 4五6 5六7 +7+9八 9一2 1二3 3四5 8九1
－巽	8七1 3三5 1五3 9六2 -7-9※八 5一7 4二6 2四4 6九8	⬅	－乾	1七8 5三3 3五1 2六9 -9-7※八 7一5 6二4 4四2 8九6	⬅
－巳	⬆	↖	－亥	⬆	↖

9運《2024-2043年》（下卦·替卦）飛星盤

坐＼卦	下卦	替卦	坐＼卦	下卦	替卦
壬	4八5 9四9 2六7 3七6 +5-4 九 7二2 8三1 1五8 6一3	4八7 9四2 2六9 3七8 +5-6 九 7二4 8三3 1五1 6一5	丙	5八4 9四9 7六2 6七3 -4+5 九 2二7 1三8 8五1 3一6	7八4 2四9 9六2 8七3 -6+5 九 4二7 3三8 1五1 5一6
子	6八3 1四8 8六1 7七2 -5+4 九 3二6 2三7 9五9 4一5	6八5 1四1 8六3 7七4 -5+6 九 3二8 2三9 9五2 4一7	午	3八6 8四1 1六8 2七7 +4-5 九 6二3 7三2 9五9 5一4	5八6 1四1 3六8 4七7 +6-5 九 8二3 9三2 2五9 7一4
癸	↑	↑	丁	↑	↑
丑	2八7 7四2 9六9 1七8 +3-6 九 5二4 6三3 8五1 4一5	9八7 5四2 7六9 8七8 +1-6 九 3二4 4三3 6五1 2一5	未	7八2 2四7 9六9 8七1 -6+3 九 4二5 3三6 1五8 5一4	7八9 2四5 9六7 8七8 -6+1 九 4二3 3三4 1五6 5一2
艮	4八5 8四1 6六3 5七4 -3+6 九 1二8 9三9 7五2 2一7	3八5 7四1 5六3 4七4 -2+6 九 9二8 8三9 6五2 1一7	坤	5八4 1四8 3六6 4七5 +6-3 九 8二1 9三9 2五7 7一2	5八3 1四7 3六5 4七4 +6-2 九 8二9 9三8 2五6 7一1
寅	↑	↑	申	↑	↑
甲	6八3 2四7 4六5 5七4 +7-2 九 9二9 1三8 3五6 8一1	8八3 4四7 6六5 7七4 +9-2 九 2二9 3三8 5五6 1一1	庚	3八6 7四2 5六4 4七5 -2+7 九 9六9 8三1 6五3 1一8	3八8 7四4 5六6 4七7 -2+9 九 9六2 8三3 6五5 1一1
卯	8八1 3四6 1六8 9七9 -7+2 九 5二4 4三5 2五7 6一3	←	酉	1八8 6四3 8六1 9七9 +2-7 九 4二5 5三4 7五2 3一6	←
乙	↑	8八9 3四5 1六7 9七8 -7+1 九 5二3 4三4 2五6 6一2	辛	↑	9八8 5四3 7六1 8七9 +1-7 九 3二5 4三4 6五2 2一6
辰	9八9 4四5 2六7 1七8 -8+1 九 6二3 5三4 3五6 7一2	8八1 3四6 1六8 9七9 -7+2 九 5二4 4三5 2五7 6一3	戌	9八9 5四4 7六2 8七1 +1-8 九 3二6 4三5 6五3 2一7	1八8 6四3 8六1 9七9 +2-7 九 4二5 5三4 7五2 3一6
巽	7八2 3四6 5六4 6七3 +8-1 九 1二8 2三7 4五5 9一9	6八2 2四6 4六4 5七3 +7-1 九 9二8 1三7 3五5 8一9	乾	2八7 6四3 4六5 3七6 -1+8 九 8二1 7三2 5五4 9一9	2八6 6四2 4六4 3七5 -1+7 九 8二9 7三1 5五3 9一8
巳	↑	8八2 4四6 6六4 7七3 +9-1 九 2二8 3三7 5五5 1一9	亥	↑	2八8 6四4 4六6 3七7 -1+9 九 8二2 7三3 5五5 9一1

引用 및 參考文獻 ;

1. 鐘義明 著書《玄空星相地理學(현공성상지리학)》
2. 鐘義明 著書《玄空地理斷決彙解(현공지리단결휘해)》

주해자 ; 鐘義明(대만 竹山佛心翠影書齋)
편역자 ; 崔明宇(竹山佛心翠影書齋門人
대한현공풍수지리학회 연구소장)

대한현공풍수지리학회

http://cafe.daum.net/gusrhdvndtn

飛星賦註解 비성부주해

1판 1쇄 인쇄 | 2015년 10월 01일
1판 1쇄 발행 | 2015년 10월 07일

註解者 | 종의명
編譯者 | 최명우
펴낸이 | 문해성
펴낸곳 | 상원문화사
주소 | 서울시 은평구 신사1동 32-9호 대일빌딩 2층
전화 | 02)354-8646 팩시밀리 | 02)384-8644
이메일 | mjs1044@naver.com
출판등록 | 1996년 7월 2일 제8-190호

ISBN 979-11-85179-16-2 (03180)

이 도서의 국립중앙도서관 출판예정도서목록(CIP)은 서지정보유통지원시스템 홈페이지(http://seoji.nl.go.kr)와 국가자료공동목록시스템(http://www.nl.go.kr/kolisnet)에서 이용하실 수 있습니다.(CIP제어번호: CIP2015026380)